2022年陕西普通高等学校优秀教材
安康学院教材建设立项项目（项目编号：jc201503）

ZHIYEXINGXIANG SUZAO SHIXUN JIAOCHENG

职业形象塑造实训教程

主 编 邱 玲

西南交通大学出版社
·成 都·

图书在版编目（CIP）数据

职业形象塑造实训教程 / 邱玲主编. —成都：西南交通大学出版社，2017.9（2024.1 重印）
普通高等院校"十三五"规划教材
ISBN 978-7-5643-5802-0

Ⅰ. ①职… Ⅱ. ①邱… Ⅲ. ①个人 – 形象 – 设计 – 高等学校 – 教材 Ⅳ. ①B834.3

中国版本图书馆 CIP 数据核字（2017）第 236883 号

职业形象塑造实训教程

主 编 邱 玲

责任编辑	陈 斌
助理编辑	陈亚萍
封面设计	严春艳

出版发行	西南交通大学出版社 （四川省成都市金牛区二环路北一段 111 号 西南交通大学创新大厦 21 楼）
邮政编码	610031
发行部电话	028-87600564　028-87600533
官网	http://www.xnjdcbs.com
印刷	四川煤田地质制图印刷厂

成品尺寸	185 mm × 260 mm
印张	12
字数	277 千
版次	2017 年 9 月第 1 版
印次	2024 年 1 月第 4 次
书号	ISBN 978-7-5643-5802-0
定价	38.00 元

课件咨询电话：028-81435775
图书如有印装质量问题　本社负责退换
版权所有　盗版必究　举报电话：028-87600562

前　言

随着社会的不断发展，职业形象的塑造受到越来越多职场人士的重视。因此，一本兼具理论性和实践性、能够较系统和较全面帮助职场人士塑造职业形象的训练指导用书具有重要的价值和意义。

党的二十大报告中强调："教育、科技、人才是全面建设社会主义现代化国家的基础性、战略性支撑。必须坚持科技是第一生产力、人才是第一资源、创新是第一动力，深入实施科教兴国战略、人才强国战略、创新驱动发展战略，开辟发展新领域新赛道，不断塑造发展新动能新优势。"在我国的高等教育体系中，教材建设是发展高等教育，培养综合型人才、创新型人才的基础。

基于此，本教材在编写过程中本着学以致用的原则，以知识是否必需与实用为教材内容取舍和结构设置的标准，具体特色如下：

1. 强化基础，培养能力

本教材结构清晰、实用性强，对于基础知识先从理论上进行总结和概括，再以专项能力课程内容为单元模块，将模块分解成若干个具体的任务。为了完成这些任务，学生不仅要参加活动，还要去了解情况，搜集必要的资料，并且发挥自己的特长。在教学任务完成后，教师对每名学生在活动中的表现给予评价，并对任务完成过程中的各种信息予以整理和反馈，实施动态调整，从而保证整个教学目标的实现及学生能力的养成。

本教材以问题为主线组织内容，有很强的操作性与针对性，既适用于教师教学，也适合学生自学；既是一本引导学生设计自我职业形象的教材，又是一本引导学生学习与成长的手册，同时也可供感兴趣的读者阅读。

2. 激发兴趣，启迪思维

本教材内容丰富、案例鲜活、贴近实际，独特的体例设计，集理论性、科学性、知识性、趣味性、可操作性为一体，有较高的实用价值；采用案例教学和实践教学紧密结合的方式，运用情景模拟的形式对学生加以引导，能让学生积极参与到学习活动中。

3. 应用知识，重视实训

本教材对职业形象塑造的基础理论、基本框架、实践活动做了系统全面的研究，融会了美学、哲学、色彩学、语言学、成功学、服饰学等多种专业学科知识，将完整的理论体系与丰富的实践性相结合，有利于丰富我国职业形象塑造的教学指导和理论研究。

4. 传承文明，涵养心性

党的二十大报告中指出："中华优秀传统文化源远流长、博大精深，是中华文明的智慧结晶，其中蕴含的天下为公、民为邦本、为政以德、革故鼎新、任人唯贤、天人合一、自强不息、厚德载物、讲信修睦、亲仁善邻等，是中国人民在长期生产生活中积累的宇宙观、天下观、社会观、道德观的重要体现，同科学社会主义价值观主张具有高度契合性。"本教材将中国优秀传统礼仪文化与职业形象塑造相结合，使学习者在认同、传承中国优秀礼仪文化的同时做到知行合一。

本教材总结了编者多年来从事礼仪、职业形象训练教学及相关理论研究的心得体会，全书共分为七大模块、若干情境任务，并附有情境案例、知识拓展，具有很强的实践性与指导性。

在此，特别感谢安康学院 2014 级秘书学专业刘雯雯与张攀两位同学提供的示范图片，同时在教材编写过程中，作者借鉴了同类教材和网站中的一些有益材料，由于时间仓促，未能一一注明，再次一并表示感谢！

由于时间和能力所限，本教材难免有不足和疏漏之处，恳请广大读者在使用过程中提出宝贵的意见和建议，以便再版时做进一步修改和完善。

编 者

2023 年 6 月

礼行天下 仪动职场—智慧树网

目　录

绪　论 …………………………………………………………………………………… 001
　　【情境案例】………………………………………………………………… 003
　　【情境演练】………………………………………………………………… 003
　　【情境延伸】………………………………………………………………… 003
模块一　职业性格塑造 ………………………………………………………………… 009
　情境一　性格与职业选择的关系 …………………………………………………… 009
　情境二　性格的类型 ………………………………………………………………… 010
　情境三　性格的塑造——情商管理 ………………………………………………… 015
　　【情境案例】………………………………………………………………… 021
　　【情境演练】………………………………………………………………… 022
　　【情境延伸】………………………………………………………………… 023
　　【情境链接】………………………………………………………………… 026
模块二　仪容美的塑造 ………………………………………………………………… 031
　情境一　仪容清洁 …………………………………………………………………… 031
　情境二　仪容的美化 ………………………………………………………………… 037
　　【情境案例】………………………………………………………………… 040
　　【情境演练】………………………………………………………………… 040
　　【情境延伸】………………………………………………………………… 041
　　【情境链接】………………………………………………………………… 043
　情境三　发型的选择 ………………………………………………………………… 044
　　【情境演练】………………………………………………………………… 049
　　【情境延伸】………………………………………………………………… 049
模块三　仪表美的塑造 ………………………………………………………………… 051

情境一	着装原则	052
情境二	服饰与体型	055
情境三	服装的色彩	057
情境四	职业女装着装要求	059
情境五	男士西服穿着方法	062
情境六	饰物与配件	070
情境七	各国服饰礼仪	074
	【情境案例】	076
	【情境演练】	077
	【情境延伸】	078

模块四 仪态美的塑造 083

情境一	站　姿	084
情境二	坐　姿	086
情境三	行　姿	090
情境四	蹲　姿	093
情境五	表　情	094
情境六	其他态势语	099
	【情境案例】	105
	【情境演练】	107
	【情境延伸】	107

模块五 语言美的塑造 110

情境一	塑造声音美	111
情境二	塑造语音美	111
情境三	语言的得体	121
情境四	交谈的特点	124
情境五	交谈的原则	125
情境六	交谈的礼仪	127
	【情境演练】	130
	【情境延伸】	130

模块六 塑造美好的电话形象 132

情境一	拨打电话	132
情境二	接听电话	134
情景三	代接电话	136
情境四	手机使用	138

【情境案例】………………………………………………………………… 139
　　【情境演练】………………………………………………………………… 140
模块七　礼仪形象的塑造………………………………………………………… 141
　情境一　会见礼仪……………………………………………………………… 142
　情境二　馈赠礼仪……………………………………………………………… 146
　情境三　仪式礼仪……………………………………………………………… 149
　情景四　餐饮礼仪……………………………………………………………… 155
　　【情境演练】………………………………………………………………… 158
　　【情境延伸】………………………………………………………………… 158
附录　实训方案…………………………………………………………………… 165
参考文献…………………………………………………………………………… 184

绪　论

在现代社会，人们对职业形象越来越重视，一个人的五官长相是不可选择的，但诸如气质、风度等却可以后天培养和改变。通过一个人的穿衣打扮、举手投足、言谈风貌是可以将一个人的礼仪品格，也就是礼仪形象分为三六九等的。

周总理在南开中学读书时，有一个著名的"40字镜铭"，上书"面必净，发必理，衣必整，纽必结。头容正，肩容平，胸容宽，背容直。气象：勿傲，勿暴，勿急。颜色：宜和，宜静，宜庄"。正是对这些看似简单和琐碎的小节的重视，周总理才培养出了优雅的风度。

随着物质生活水平的提高，人们越来越意识到日常生活中的接人待物、衣着打扮、言谈举止很重要，因为人们往往会根据一个人在社交场合的为人处事来判断其人品，评价其修养。职业人士要讲究形象，落落大方的举止、和蔼可亲的问候、得体的称谓、礼貌的语言，这些都说明其所在单位形象良好。

日本的著名企业家松下幸之助从前不修边幅，也不注重企业形象，因此企业发展缓慢。一天理发时，理发师不客气地批评他不注重仪表，说："你是公司的代表，却这样不注重衣冠，别人会怎么想，连人都这样邋遢，他的公司会好吗？"从此，松下幸之助一改过去的习惯，开始注意自己在公众面前的仪表仪态，生意也随之兴旺起来。现在，松下电器的产品享誉天下，这与松下幸之助长期率先垂范，并要求员工懂礼貌、讲礼节是分不开的。

在现代社会，各种组织的品牌和形象都备受关注。组织的形象不仅仅体现在产品、广告、办公环境等方面，更重要的是体现在每个员工的身上。员工的职业形象反映着整个组织的精神内涵和文化理念，这也直接关系着组织在公众心目中的形象。在职场中，职业形象既能体现个人的职业风采，也能提高组织和团队的形象。个人职业化形象的树立，既是组织中职业化员工的具体体现，也是赢得客户信任、增强团队凝聚力的重要方式。

一提到职业形象，大家自然而然会联想到空姐，她们给人留下深刻印象的不仅有端庄秀丽的容貌、精致漂亮的制服，还有动人的微笑、柔美的声音、优雅的动作，以及细致入微的服务，这一切的总和便是个人形象与职业形象相结合的体现。

职业形象就是将个人形象和组织形象有机地结合起来，个人形象通过职业群体形象的特征表现出来，符合某类特定的职业角色，反映出良好的职业风范，从而提升组织和个人的形象，这样有利于开展工作。

职业形象包含很多方面，如职业人的气质、仪表、语言、举止、服饰、礼仪，以及特定的组织文化背景和职业素养在其行为和仪表方面的体现等。职业形象不仅重视个人的仪表与礼仪技巧，而且还重视职业形象背后蕴含的内在精神，即职业化精神的力量。

麦当劳的服务生给人印象非常深刻，他们穿着整齐，热情洋溢，工作时紧张有序。麦当劳是以"不招漂亮员工"而著称的。仔细观察一下，你便会发现他们的服务员相貌平平，年龄也大小不一。麦当劳声称自己是一座培养人的学校，即使是下岗女工到了他们的餐厅工作，经过培训和见习，一旦穿上麦当劳的工装进入工作状态，也会精神焕发，充满自信与活力。即使是麦当劳的清洁工，似乎也与其他地方的有所不同，你能从服务的细节方面感受到他们的敬业精神。如果他们穿着整齐的制服却在左顾右盼、心不在焉，你不会觉得他们与其他地方的员工有什么不同。就像很多效仿麦当劳餐厅的服务员，你会觉得漂亮的衣服穿在他们身上，让人感觉不舒服，这是因为他们缺乏对工作的专注和投入。这种现象不仅有外在形象的原因，也有职业形象背后的更深层次的职业化精神力量的原因。

曾经有这样一位美国年轻人，大学毕业后到一家汽车公司去应聘，与他同时去应聘的还有另外三个人，且都比他学历高，他认为自己没有多大希望。当他敲门走进房间时，发现门口的地上有一张废纸，于是便弯腰捡起扔进了废纸篓里，然后才走到主持面试的董事长面前说："您好，我是福特，是来应聘的。"那位董事长说："年轻人，你已被我们录用了。"福特感到非常惊讶，露出不解的神情。这位董事长解释说："先生，前面的三位应聘者确实学历比你高，而且仪表堂堂，但他们的眼睛只能看见大事，而看不见小事。你的眼睛能看见小事，我认为能看见小事的人，将来自然能看见大事。一个只能看见大事的人，却往往忽略了很多小事，他是不会成功的。所以，我决定录用你。"多年以后，美国有了一个叫福特的公司。他缔造了美国的汽车产业，改变了美国的经济状况，获得了举世瞩目的成功。

形象是人的精神面貌、性格特征等具体表现。每个人都通过自己的形象让他人认识自己，而周围的人也会通过这种形象对你做出相应的判断。所以，从业者的形象就是职业形象。换言之，只要有职业，就会有职业形象。职业形象与职业相伴而生，随着职业的变化而变化。

职业形象是在一定时期和一定环境下，社会公众对从业者（团体或个人）的外在表现和内在素质的印象、看法、认识的综合体现。

职业形象是一个大系统，其内部由三个子系统构成，即内在系统——精神心理层、外表系统——仪表风度层、行为系统——言谈举止层，每个子系统又都包含了一系列的要素。

第一，内在系统。该系统是职业形象的内部软件系统，它对另外两个子系统起着决定性作用。其主要构成要素有世界观、人生观、价值观、职业理想、职业信念、职业道德、自信心、人格、气质、智力、情感、潜意识、想象力等。

第二，外表系统。该系统是职业形象的外表状态，其主要构成要素有眼神、表情、色彩、动作、服饰、发饰、气味及用品等。

第三、行为系统。该系统是职业形象的运作系统，是表现职业形象生命活力的系统。其主要构成要素有各种职业行为、职业礼仪行为及职业能力行为等。

以上三个子系统相互关联、相互作用、相互影响。

【情境案例】

东华公司办公室人员小沈能讲一口漂亮的法语，另一员工小陈很喜欢打扮。公司明天要与法国某公司谈判，古总经理叮嘱担任翻译的小沈和作会议记录兼会议服务的小陈要好好准备。小沈和小陈除了在文本、资料等方面做准备外，还花了一番功夫进行打扮。

正式会谈这天，只见坐在古总经理一旁的小沈衣着鲜艳，金耳环、大颗宝石戒指闪闪发光，这使得古总身上的那套价值千元的名牌西服也黯然失色。

古总经理与法国客商在接待室内寒暄时，小陈拿来了托盘准备茶水，只见她花枝招展，一对大耳环晃来晃去，五颜六色的手镯碰撞有声，高跟鞋咚咚作响。她从茶叶筒中掐了一撮茶叶放入杯中……这一切引起了古总经理和客商的不同反应。客商面带不悦之色，把自己的茶杯推得远远的，古总经理也觉得尴尬。谈判中讨价还价时，古总一时性起，双方争执起来，小沈站在古总一边，指责客商。客商拂袖而去。古总望着远去的客商的背影，冲着小沈："托你的福，好端端一笔生意，让你给毁掉了，无能！"

小沈并不知道自己有什么过错，为自己辩解："我，我怎么啦！客商是你自己得罪的，与我有什么关系？"

思考题：

看完这则案例，你有何感受？

【情境演练】

1. 根据自己对职业形象三个子系统的理解，写出每一个子系统应包含的形象要素。
2. 清醒的自我认知：评价自己现在的形象特点，并指出不足之处。
3. 有针对性地设计与训练个人形象。

【情境延伸】

你留给人的第一印象

评分标准：

选A，1分；选B，3分；选C，5分。

测试题：

1. 与人初次会面，经过交谈，你能对他（她）的举止谈吐、知识能力等方面做出积极、准确的评价吗？

   A. 不能

B. 很难说

C. 可以

2. 与人告别时，下次相会的时间、地点是：

A. 谁也没有提这事

B. 对方提出的

C. 我提议的

3. 第一次见到某人，你的表情是：

A. 大大咧咧、漫不经心

B. 紧张局促、羞怯不安

C. 热情诚恳、自然大方

4. 在寒暄之后，你是否很快能找到双方共同感兴趣的话题：

A. 觉得这很难

B. 必须经过较长一段时间才能找到

C. 是的，对此我很敏锐

5. 你与人谈话时的坐姿通常是：

A. 两腿叉开

B. 跷起二郎腿

C. 两膝靠拢

6. 你同他人谈话时，眼睛望向何处：

A. 看着其他的东西或人

B. 盯着自己的纽扣，不停玩弄

C. 直视对方的眼睛

7. 你选择的交谈话题是：

A. 自己所热衷的

B. 两人都喜欢的

C. 对方所感兴趣的

8. 第一次交谈，你们分别所占用的时间是：

A. 我多于他

B. 差不多

C. 他多我少

9. 会面时你说话的音量总是：

A. 高亢、热情

B. 很低，以致别人听得较困难

C. 柔和而低沉

10. 你说话时的姿态是：

A. 常用姿势补充语言表达

B. 偶尔做些手势

C. 从不指手画脚

11. 你讲话的速度：

A. 频率相当高

B. 十分缓慢

C. 节奏适中

12. 假如别人谈到了你兴趣索然的话题，你将：

A. 打断别人，另起一题

B. 显得沉闷、忍耐

C. 仍然认真听，从中寻找乐趣

结果分析

1. 分数 0~22：首因效应差

你可能想要给人留下好的印象，可是你的漫不经心或缺乏体贴或言语无趣，无形中却给别人留下错误的理解。

2. 分数 23~46：首因效应一般

你的表现中存在着某些令人愉快的成分，但同时又偶有不够精彩之处，这使得别人不会对你印象恶劣，却也不会产生很强的吸引力。如果你希望提高自己的魅力，首先必须从心理上重视在"交锋"的第一回合显示出最佳形象。

3. 分数 47~60：首因效应好

你的适度、温和给第一次见到你的人留下了深刻的印象。无论对方是你工作范围还是私人生活中的接触者，他们都有与你进一步接触的愿望。

上 篇

内在系统——精神心理层

模块一　职业性格塑造

【知识目标】

◇认识性格是职业选择的重要依据
◇认识性格与职业形象的关系
◇认识性格管理的方法

【能力目标】

◇掌握职场人士应该具备的职业性格
◇掌握情商管理的方法

【素质目标】

◇培养真诚、乐观、自信而又不失严谨的职业性格

性格是指表现在人对现实的态度和相应的行为方式中的比较稳定的、具有核心意义的个性心理特征，它是一种与社会相关最密切的人格特征，性格中包含有许多社会道德含义。性格表现了人们对现实和周围世界的态度，并体现在人的行为举止中。

情境一　性格与职业选择的关系

人的性格形成，遗传是基本因素，《荀子·正名篇》云："生之所以然者谓之性"。就是说：性格是先天赋予的、与生俱来的、原始质朴的自然属性，是不待后天学习而成的自然本能，这强调的是性格的遗传性和先天性。当然，后天的环境影响和教育的潜移默化也是不可忽视的。现今社会讲究人尽其才，一个人的性格对其相关职业的选择，有着非常现实而重要的影响。性格与职业匹配得当，能使人在社会中找到自己的最佳位置，最大限度地发挥聪明才智，实现人生价值；同时，人力资源也能得到充分合理地使用，并创造出最大的社会财富，实现社会的良性发展、和谐发展。反之，于事于人都不是一件好事。

其实，中西方人都非常重视对性格的研究。在中国，公元前5—4世纪的孔子就提出了"性相近也，习相远也"的"性习说"。稍后一些的孟子提出"性善论"，这都是对人性格的不同阐释。在西方，较早研究性格的是公元前4—3世纪的古希腊哲学家提奥夫拉斯塔，他广泛论述了人的个性特征。随后，弗洛伊德、荣格、埃里克森、班图拉、奥尔波特及卡特尔等也都对性格理论进行了研究和发展。由此可见人们对性格研究的重视。

性格是人性中最具核心意义的部分，是一个人对现实的稳定的态度和习惯化的行为方式，是普通心理学个性心理特征的重要组成部分。性格是十分复杂的、多维的心理构成物。它包括以下几个特征：

（1）态度特征。如对人的态度，有热情、坦白、孤僻、冷酷等；对自己的态度，有自卑、自尊、傲慢、谦逊等；对事业的态度，有勤奋、创新、懒惰、守旧等。

（2）情绪特征。这是指人们在情绪的强度、稳定性、持续性等方面所表现出来的个别差异。例如：有的人情绪一经引发就较为强烈，起伏较大，持续时间较长，精神常是振奋的；有的人却正好相反。

（3）思维特征。如敏感或迟钝，精细或粗疏，善于独立思考或喜欢拾人牙慧；富于想象或囿于直观，善于分析概括或偏于就事论事等。

（4）意志特征。这是一个人为达到既定目标，自觉调节行动、千方百计克服困难所表现出来的性格。如对行为目标的目的性或冲动性，独立性或依附性；对行为方式主动性或被动性，自制性或放纵性；在紧急或困难情况下勇敢或胆怯，果断或犹豫，镇定或惊慌等；在行为过程中坚定或动摇，始终如一或反复无常，善始善终还是虎头蛇尾等。

由于性格影响人的心理活动，决定人的行为态度，因此心理学家非常重视对人的性格与职业活动的关系的研究。他们认为，择业者应考虑个人的性格是否适应职业活动的客观要求；而对于用人者来说，在选拔人才和安排工作时也应考虑求职者的性格是否与所从事的职业或担任的工作岗位的要求相符。做到这一点，对充分发挥个人才能、提高工作效率，有着非常重要的作用。

情境二　性格的类型

性格是个性心理特征中的核心部分，它是一个人稳定的态度系统和相应习惯了的行为风格的心理特征。人与人个性的差别首先表现在性格上。性格是在社会生活实践过程中逐步形成的。由于各人先天的素质不同，所处的客观环境不一样，形成了各种类型的性格。

心理学家将人的性格分成四种基本类型：活泼型、力量型、完美型、平和型。这四种类型的大体表现特点如下。

一、活泼型

活泼型是外向、多言、乐观的一群人，他们的存在给世界带来了无穷的欢乐。他们善于把工作与生活变得充满乐趣，并且乐于与人交往。如果没有活泼型的人，这个世界将会失去许多欢乐与色彩。

活泼型个性的大体表现如下：

（1）活泼可爱，天生爱笑。

活泼型的人从脸上就可以看出，他们个性活泼、天真爱笑，他们的脸就像含苞待放的花一样随时都准备绽放。

（2）喜欢新奇，喜欢热闹，喜欢丰富多彩的事物。

活泼型的人注意力较短，一般很难长时间专注在一件事情上，他们喜欢活跃、热闹的气氛。他们很好奇，喜欢新奇、丰富多彩的事物。

（3）喜欢说话，喜欢表现，希望成为注意力的中心。

要在一群人中找出活泼型的人非常容易，只要找出最爱说话的就是了。活泼型的人喜欢绘声绘色地讲故事，而且手势特别多，眼睛总是左顾右盼的，表情与肢体语言特别丰富，他们总是希望成为人们注意的中心，是晚会上的灵魂与舞台上的高手。活泼型的人说话的声音较大，生怕别人听不见，而且也喜欢插嘴，先张嘴后思考，所以经常会出错，错了之后也会很快道歉，他们一般不觉得道歉是件难为情的事情。同时他们喜欢赞美别人，当然也很希望获得别人的赞美。

（4）感情外露，热情开朗，爱交朋友。

活泼型的人天生外向、乐观，对人热情，可以迅速与人拉近关系，刚认识三分钟的朋友感觉就像是认识了三年一样，很谈得来。活泼型的人个性积极，有活力，有很强的感染力。但是，他们的感情起伏较快，比较情绪化，前一分钟还在哭，后一分钟可能已经开怀大笑起来，他们不易生气，也不易记仇。

（5）喜欢玩，什么都想学一下，但往往学得不精。

活泼型的人由于天生的好奇与好动，对什么都感觉新奇，什么都想接触、了解一下、想学一下，但却又难以长时间地保持兴趣，一旦觉得沉闷就想转移到别的更新鲜的事物上去，所以他们学东西容易虎头蛇尾，学不精。活泼型的人算得上是艺术爱好者，但却很难成为真正的艺术家。虽然艺术在表面上很好玩、很吸引人，但无论做什么事，要想真正有所成就，必然要忍受寂寞与沉闷，而活泼型的人是很难忍受得了这些东西的。

二、力量型

力量型的人精力充沛、充满活力，他们勇于攀登高不可攀的顶峰，喜欢瞄准目标、克服困难并最终取得成功。他们也和活泼型的人一样是外向、乐观的，但他们不会显得天真可爱。

当别人失去控制时，力量型的人往往有着坚定的控制力；当别人迷惘时，力量型的人通常也能快速做出决断。

力量型个性的大体表现如下：

（1）干练的外表。

力量型的男性往往有着刀削般的脸，轮廓也比较鲜明，喜欢剃个小平头，走路快、大跨步且很有力量。

（2）坚定、自信、行动力强，是天生的领导者。

力量型的人行动力较强，他们是天生的领导者。他们意志顽强，不畏困难，勇于挑战并克服困难，而且越挫越勇，轻易不会在困难面前犹豫与退缩。

（3）好斗、好争论，为工作与纠错而讲话。

力量型的人参加聚会时，不会轻易参与谈话，会先在一旁看着、听着，当发现里面有人的观点说错了的时候，会站出来说，"对不起，你的看法不对，我发表一下我的看法"。力量型的人喜欢实干，不大喜欢说话，与工作无关的话不说，喜欢纠正别人的错误。他们喜欢争辩、喜欢坚持己见，即使错了也不愿道歉，因为他们总觉得自己不会错，错误都是别人造成的，而且他们认为承认错误是一种低能的表现。

（4）个性刚强、率直，但脾气较暴躁。

力量型的人好胜，喜欢树立权威，同时他们也很坦诚、率直，直来直去，不喜欢绕弯。他们喜欢指责别人、脾气暴躁、易发怒，不喜欢看别人的脸色，因此也经常会不顾他人的感受而让人难堪。

（5）喜欢工作，缺少爱好，缺乏情调。

力量型的人好动，静不下来，没耐心，学习与做事不够仔细，因而需要细密的心思才能学好的事情他们往往难以学好。同时由于他们的感受性差，除了工作之外，对其他什么事都提不起兴趣，所以也不愿意去学什么。另外，他们的协调能力（包括说话、唱歌、技巧性的运动与棋类、牌类活动等）和艺术感也都相对较差。

三、完美型

完美型的人比较内向、消极、悲观，常常沉浸在自己的内心世界里，不大愿意与人打交道，但他们善于思考与分析问题，有着深刻的理性思维能力，做事认真、有计划。他们强调做事的先后次序，崇尚美感和才智，他们对艺术、对科学有着很强的灵性。如果这个世界少了完美型的人，那么我们可能会少了很多文学、哲学和音乐作品，世界可能会少了很多工程师、发明家、科学家。

完美型个性的大体表现如下：

（1）完美主义，消极、悲观，喜欢挑剔。

经常说这也不好、那也不好，不喜欢这个、不喜欢那个的人，多半是完美型的人，因为他们对人对事的要求都很高，达不到他们标准的人与事，他们一般不会满意，因而会常听他们说不满意，而满意的时候则不多。所以，完美型的人总显得消极、悲观，难以快乐起来，给人的感觉是挑剔的，难得有称心如意的时候。

（2）表情严肃、难接近，不喜欢赞美别人、也不喜欢别人的赞美。

完美型的人给人的感觉是表情严肃、举止得体、有礼貌、衣饰整洁，对事情与物件都安排得井井有条。他们无论做事还是与人交往都显得很严肃、很谨慎，开始的时候总是很小心，不会轻易地表露自己的内心，所以给人的感觉是难以接近。他们不大喜欢赞美别人，因为在他们的眼中没有什么事情能够完美到值得他们赞美，也不喜欢别人赞美他们，他们认为赞美的言辞太虚假、肤浅、没有诚意，只是讨好人的油腔滑调。

（3）敏感、重情、尊重并体贴他人，多愁善感。

完美型的人对别人的情绪、心态非常敏感，可以察觉出对方心态很细微的变化，这个能力是其他三型的人都比不上的。正因为敏感，因而他们懂得尊重并体贴他人，能够时时站在对方的角度为对方着想。同时，完美型有着非常丰富而细腻的情感，他们容易因一点小事而不开心很久，也容易因别人的关心而感动。

（4）很强的逻辑思维与抽象思维能力，善于分析问题与归纳问题。

完美型的人说话很有逻辑，思维严密而细致，喜欢一、二、三、四地分析与归纳问题，他们对数字与图表有着天生的敏感，善于用数字与图表来分析问题与表达观点。许多杰出的人士都是完美型的人。他们思维深刻，表达观点头头是道，与活泼型相反，他们喜欢想好了再说出来，不会随便说话，说话与做事都显得很严谨。

（5）多才多艺。

完美型的人至少有两种能力比其他三型的人出众，一是运动协调能力，这可能是因为完美型的人心思细密，对精细的事物包括自身肌肉的细微运动都能协调得很好，所以在许多与技巧有关的运动项目中都显得较有优势；二是专注力，完美型的人内向、深沉，能够长时间地把精力集中在同一件事物上，因而完美型的人往往能把事情做好、学透。也正因为这两项甚至更多的出众的能力，所以完美型的人通常都显得多才多艺，在许多方面都是能手。特别是在艺术方面，完美型因为有着先天的内向情感心态，再加上能长久地专注与体验，所以往往许多真正的艺术家都是完美型的人。

（6）敏锐而出色的感受力，鲜明而专一的喜好。

完美型不仅对人的心态敏感，对事物也有着相当敏锐、相当出色的感受力，对颜色、线条和对美有着很高的感受力，甚至触觉、痛觉、嗅觉、味觉等也都比其他型的人更敏感。完美型的人就是一个敏感的个体，从生理上的敏感到心理上的敏感，或者也可以说这两者是密切相连的，心理上对情绪、对感情敏感，生理上也必然会有敏锐的感觉。正因为完美型有着如此敏锐的感觉能力，所以他们能够分辨出不同事物之间的微小差别，能敏锐地感觉到不同事物给自己带来的不同感受，会对不同的事物表现出明显的喜爱或者厌恶，有着鲜明的喜好，而且一种感觉不会轻易发生变化，更不易受他人评价的影响，这些喜好会非常的持久与专一，绝不会很快就更改。如果延及到爱情，完美型是重情且专一的人。

四、平和型

平和型的人是很容易相处的一群人，他们安静、随和，有耐心。他们乐天知命，不太愿与人争斗，处事低调。他们能够耐心地忍受惹是生非者，能够认真地聆听别人说话，是很好的听众。他们有安慰受伤的同情心。

平和型个性的大体表现如下：

（1）个性随和、宽容，容易相处、朋友众多。

平和型的人对人对事都很随和、宽容，不挑剔，善于接受与忍耐，所以很好相处。正因为他们容易相处，所以很多人都愿意与他们交朋友，他们的朋友很多，但他们通常很少主动地去结识朋友，许多朋友都是主动找上门来的。

（2）善于聆听、缺乏主见。

平和型的人不大喜欢说话与发表见解，只喜欢耐心地倾听，是非常好的听众。由于他们喜欢压抑自己而迎合他人，所以总显得缺乏主见。他们最喜欢说的两个字是"随便"，没有什么东西会让他们特别喜欢、特别钟爱。

（3）冷静、情绪波动较少，没有攻击性。

平和型会尽力维持心态的平稳，总是笑眯眯的。他们会尽量克制自己的情绪流露，以免引起他人的注意，破坏气氛，同时由于并不挑剔，能充分地理解与接受各种人与事，所以情绪不易发生变化。他们会刻意保持气氛的和谐与稳定，对人对事无攻击性，让周围的人感到很安心、很随意。

（4）缺乏热情、显得冷漠、喜欢旁观、不爱参与。

平和型的冷静与无所谓，让他们显得缺乏热情，不愿全身心地投入，总喜欢在一旁冷静与冷漠地袖手旁观。这也使他们显得被动、懒惰而无进取心。

（5）兴趣与爱好不多。

平和型的人与完美型的人相似，也是情感内向型，能静得下来，不会轻易受到干扰。如果他们愿意去学，许多东西都可以学得很好。但关键是他们往往没有太多的兴趣去参与，所以也就不大愿意费心去学。在协调能力与艺术上，平和型的人比活泼型与力量型都好一些，即使有时候是被动去学，也会相对这两种类型的人学得好一些，但要精、要高水平会相对难一些——这主要是因为他们不愿花时间与精力去练习提高，而他们对此也显得有些无所谓，好些还是差些他们不会去计较。

每一种类型的人都有其鲜明的特点，有诸多的优点与缺点，所以不同类型的人之间本身并无好坏之分。即便是某一种个性比较突出的人，他也不一定会具备这种个性的所有特点，而是其中某些特点比较突出而已。

然而，几乎所有的人都会同时具备这四种不同的个性，只不过往往是其中的一种或两种甚至三种相对比较突出，而其余的相对较弱而已。说一个人是某种个性，比如说是活泼型或是力量型，这不过是说他这方面的个性比较突出或者非常突出，并不是说他身上就完全没有其他三种个性特点。其实很可能一个人在某个方面表现为一种类型的典型特点，而在另一方面则会表现出另一类型的典型特点。事实上，在某一方面（比如情感方式、思维方式、感受方式，其实某些方式之间是密切相连的、是共通的）是不可能同时具备两个类型的典型特点的，每个方面只能有一种类型占绝对的主导（或者各个类型都不明显），不可能同时有两种以上的类型在同一个方面中占主导。

衡量一个人个性的优劣，更多的应该衡量他在这种个性上具备的是什么优点与缺点，优点多还是缺点多。事实上，只有一种个性的人是很难优秀与出色的，只有多种个性优点的组合才能造就一个出色的、优秀的、心智与情感均完善的人。

每个人可能几种性格都有一些，但会有一或两种为主，要慢慢体会，了解自己真正的性格，这样就会越来越明白自己的做事风格及自己与他人的相处关系。

《西游记》中的唐僧师徒四人正是代表了这四种性格：唐僧—完美型、细致、敏感、悲观；悟空—力量型、坚定、果断、自负；八戒—活泼型、活泼、热情、多变；沙僧—和平型、平稳、随和、寡言。

概括起来说，四种性格的人生意义各有侧重，活泼型是欢乐、情趣，力量型是工作、前进，完美型是奉献、牺牲，和平型是轻松、随和。活泼型的人最需要别人的注意和认同。完美型的人最需要的是逻辑和体贴。力量型的人最需要成就感和被感激。和平型的人表面平和而内心深处却要求被尊重和有价值感。

情境三　性格的塑造——情商管理

心理学家霍华德·加德纳说："一个人最后在社会上占据什么位置，绝大部分取决于非智力因素。"

美国成功学大师戴尔·卡耐基认为："人的成功只有15%是建立在技术之上，而85%是依赖于人文工程。"

性格特征虽然是天生的，但仍然具有可塑性。尽管这种改变是缓慢的，但只要通过努力，还是能改变某些性格的消极因素，这对于职业形象的改善具有积极意义。这就要求人们在对自身职业形象的气质因素进行设计与训练时，要学会观察、分析和吸收周围人的性格特征，选择合适的设计方案和训练方式，只要长期坚持，就一定会达到改善原有性格特征、塑造新的职业形象的目的。

对性格的认知、识别、引导、促进、控制、调节的能力和方法就是情感智商。

一、情商概述

情感智商，也叫情绪智商，英文为 Emotional Quotient（缩写为 EQ），是心理学家们提出的与智力和智商相对应的概念。它反映的是一个人把握和控制自己的情绪，对他人情绪进行揣摩和驾驭，以及承受外界压力，不断激励自己和把握自己心理平衡的能力。心理学家们普遍认为，情商水平的高低对一个人能否取得成功有着重大的影响，有时其作用甚至会超过智力水平。

国外最新的研究发现，人生事业成功与否主要取决于情商，而不是智商。哈佛大学教授尼尔·戈尔曼认为情商是决定人生成功与否的关键。为此，心理学家们推出的成功方程式为：

$$80\%情商 + 15\%智商 + 5\%逆商（逆向思维能力）= 成功人士$$

情商的水平不像智力水平那样可用测验分数较准确地表示出来，它只能根据个人的综合表现进行判断。心理学家们还认为，情商水平高的人一般都具有如下的特点：社交能力强，外向，不易陷入恐惧和伤感，对事业较投入，为人正直，富有同情心，情感生活较丰富但不逾规，无论是独处还是与很多人在一起都能怡然自得。

美国流行这样一句话：智商决定录用，情商决定提升。

美国耶鲁大学心理学家彼得·塞拉维在解释情感智商的内涵时将它扩大为五大类：

（1）了解自我情绪。

能够察觉某种情绪的出现，观察和审视自己的内心体验，监视情绪时时刻刻的变化，是情感智商的核心。

（2）自我管理能力。

能够调控自己的情绪，使之适时适度地表现出来。

（3）自我激励能力。

能够依据活动的某种目标，调动、指挥情绪的能力。

（4）识别他人的情绪。

能够通过细微的社会信息，敏锐地感受到他人的需求和欲望。

（5）处理人际关系。

调控与他人情绪反应的技巧。

二、情商与智商的关系

情商与智商的关系是相辅相成的。智商和情商，都是人的重要的心理品质，都是事业成功的重要基础。它们的关系是智商和情商研究中提出的一个重要的理论问题。正确认识这两种心理品质之间的差异和联系，有利于更好地认识人自身，有利于克服智力第一和智力唯一的错误倾向，有利于培养更健康、更优秀的人才。

（1）反映着两种性质不同的心理品质。

智商主要反映人的认知能力、思维能力、语言能力、观察能力、计算能力、律动能力等。也就是说，它主要表现为人的理性能力。它可能是大脑皮层特别是主管抽象思维和分析思维的左半球大脑的功能。情商主要反映一个人感受、理解、运用、表达、控制和调节自己情感的能力，以及处理自己与他人情感关系的能力。情商反映的是个体把握与处理情感问题的能力。情感常常走在理智的前面，它是非理性的，其物质基础主要与脑干系统相联系。大脑额叶对情感有控制作用。智商是人们认识、理解客观事物并运用知识、经验等解决问题的能力，包括记忆、观察、想象、思考、判断等。而情商主要包括人的情绪的自我认知，对他人情绪的识别，移情及适度的反应与应变能力。因此，智商比情商更重要。

（2）智商和情商的形成基础不同。

情商和智商虽然都与遗传因素、环境因素有关，但是它们与遗传、环境因素的关系是有所区别的。智商与遗传因素的关系远大于社会环境因素。据英国《简明不列颠百科全书·智力商数》词条载："根据调查结果，约70%～80%智力差异源于遗传基因，20%～30%的智力差异系受到不同的环境影响所致。"

情商的形成和发展，先天的因素也是存在的。例如，"人类的基本表情通见于全人类，具有跨文化的一致性。"美国心理学家艾克曼的研究表明，从未与外界接触过的新几内亚人能够正确地判断其他民族照片上的表情。但是，情感又有很大的文化差异。民俗学研究表明，不同民族的情感表达方式有显著差异。儿童心理学研究表明，先天盲童因社会交流的障碍导致其情感能力相对薄弱。人类学研究表明，原始人类的情感与文明人的情感有极大差异，他们易怒易喜，喜怒无常，自控能力很差。美国有的人类学研究者认为，人类童年时代的情感控制能力很弱，以今天的眼光看，很像是患有集体精神病。从近代史研究中也可以看到，人的情感容易受到社会环境的影响，人总是有着根深蒂固的从众心理。二战时期德国的社会情感，充分说明了这一点。

智商是情商的源泉和基础。自人类诞生之日起，人的智商便不断提高、发展。从钻木取火的燧人氏到发明电灯的爱迪生，从亚里士多德的运动观、托勒密的天动说到伽利略的自由落体理论、哥白尼的地动说、牛顿的万有引力定律，再到现代科学家爱因斯坦的广义、狭义相对论，这不都是科学上由浅入深、由近而远、由低级向高级的一个个新突破，是人类智商高速发展的结果？而情商，是随着一个人年龄的增长、掌握知识的多少而提高的。

（3）智商和情商的作用不同。

智商的作用主要在于更好地认识事物。智商高的人思维品质优良，学习能力强，认识深度深，容易在某一专业领域做出杰出贡献，成为某个领域的专家。调查表明，许多高智商的人成为专家、学者、教授、法官、律师、记者等，在自己的领域有较高造诣。提高智商是人们的最终目的，情商只是人们用来提高智商的一种手段。

情商主要与非理性因素有关，它影响着人认识和实践活动的动力。它通过影响人的兴趣、意志、毅力，加强或弱化认识事物的驱动力。智商不高而情商较高的人，学习效率虽然不如高智商者，但是有时能比高智商者学得更好，成就更大。因为锲而不舍的精神使勤能补拙。另外，情商是对自我和他人情感把握和调节的一种能力，因此情商对人际关系的处理有较大影响。

三、情商管理

（一）了解自我

"认识自己，了解自我"，这是几千年来哲学家关心的重大命题。认识自身的情绪是驾驭情商的根本与前提。自我知觉和自我意识增强了，才能更好地理解自己的感受和行为。这样才能改变自己、驾驭自己和自我成长。一个人如果缺乏自我意识，就会不断地被内心的错误和消极的思想所困扰，让错误的思想掌控自己的情感和行为，让自己沦落为情绪的奴隶，进而成为被生活和事业抛弃的人。

1. 了解自我的类型

在生活中，有的人乐观向上，有的人却悲观绝望，究其原因，是他们觉察和处理自身情绪的方式不同。根据这些不同的方式，心理学家迈耶将其分为几种类型：

（1）自我觉知型。

自我觉知型的人能有效地管理自己的情绪，是高情商者。一旦出现情绪问题，自己便能觉察。这种人情绪复杂丰富，心理健康，人生观也积极向上。

（2）难以自拔型。

这种类型的人卷入情绪的低潮中无力自拔，情绪多变而不自知，常常处于情绪失控状态，精神极易崩溃。

（3）认可型。

很了解自己的感受，接受、认可自己的情绪，并不打算改变。主要分为两种：

乐天认命型：整天开开心心，不愿也没有必要去改变。

悲观绝望型：虽然认识到自己处于不良的情绪状态中，但采取不抵抗主义。抑郁症患者就属于这种类型，他们耽溺于自己的绝望和痛苦中。

2. 了解自我的途径

（1）通过自我观察认识自己。

要认识自己，必须要做一个有心人，经常反省自己在日常生活中的点滴表现，总结自己是一个什么样的人，找出自己的优点和缺点。自我观察是我们自己教育自己、自我提高的重要途径。

自我观察主要包括三个方面：自身外表和体质状况的观察，包括外貌、风度和健康状况等。自我形象的观察，主要是对自己在所生活的集体中的位置和作用、公共生活中的举止表现及社会适应能力等的观察。自己的精神世界的观察，包括对自己的政治态度、道德水平、智力水平、能力、性格、兴趣、爱好、特长等方面的观察。

（2）通过他人了解自己。

大文豪苏轼写道："不识庐山真面目，只缘身在此山中。"认识自己有时候的确比较难，一般来说，当局者迷，旁观者清，周围的人对我们的态度和评价能帮助我们认识自己、了解自己。我们要尊重他人的态度与评价，冷静地分析，对他人的态度与评价我们既不能盲从，也不能忽视。

（二）自我管理

自我管理主要是指一个人管理自己情绪的能力，情商不是与生俱来的，通过有意识地训练，是可以得到提高的。提高情商的过程其实就是一种修炼的过程。所以，必须运用各种情绪管理技巧灵活地调控自己的情绪，缓解矛盾，保证情绪的稳定和行为的积极。

美国前总统老布什说："你能调动情绪，就能调动一切。"最强大的人一定是最能掌控自己的人。卓越的情商管理者，一定能有效驾驭自身情绪，使之适时、适地、适度。

1. 学会控制愤怒

愤怒是一种难以控制的情绪，感性超过理性，愤怒时情绪容易失控，产生不良后果。因此，要培养自己忍耐、心平气和的性情，记住"有容乃大"。同时用理智克制冲动，我们常说"冲动是魔鬼"，遇到一些情况不顺心时，需要克制冲动，三思而行。

2. 告别忧虑

人在生活中总会有忧虑的时候，卡耐基提出了一个消除忧虑的四步法，即当你产生忧虑时，应从以下四个方面着手分析并解决：我忧虑的是什么？在现实情况下，我该怎么办？我决定怎么办？我从什么时候开始做？这四步实际上就是告诉人们在忧虑时应冷静地进行心理分析，寻求解决问题的办法。

3. 告别沮丧

告别沮丧，把精力用在可以改变的事情上，让我们的身心快乐起来。

4. 拒绝自卑

自卑是一种徒劳的自我折磨，放弃自卑，充满信心为目标努力！

5. 不再恐惧

不安、忧虑、胆怯等不良情绪都是恐惧的表现，很多恐惧和担心都是内心想象出来的，告别恐惧，拿出勇气和行动！

（三）自我激励

自我激励指为服从于某一目标而调动、指挥情绪的能力。面对过大的压力和挫败，保持灵活的变通和稳定的活力，假以自我暗示和自我激励燃起熊熊不灭的热忱和顽强的斗志，这是能够更高效、更有序地完成最佳工作目标的卓有成效的人士应该具备的能力。心理学家做过实验：对于同样考了 70 分的孩子采用不同的对待方式，其结果也大不相同。被批评的孩子容易对学习产生逆反情绪，而受到鼓励的孩子则可能取得很大的进步。哈佛大学心理学家威廉·詹姆士研究发现，一个没有受到激励的人仅能发挥其能力的 20%～30%，而当他受到激励后，所发挥的能力相当于激励前的 3～4 倍。

1. 乐观豁达

乐观的人与悲观的人的区别就在于：乐观的人总能看到美好和积极的方面，因而怀有追求美和快乐的希望。在遭遇困境时能够自我安慰，知道变通，能将艰巨的任务分解成若干容易解决的部分。

2. 自信向上

自信心强的人懂得如何激励自己，相信自己有办法实现目标。在身处逆境、困境时能重振信心，为实现目标随机应变，发现目标不可能实现时也能及时重新修订目标，对于棘手的工作擅长化整为零，逐个击破。

3. 接受自我

完美的人是不存在的，能够认识自己、发现自己，并且接受自己，才能真正自信，并日臻完善。

4. 确定目标

为了实现梦想，人们应尽量确定目标，同时向着那个目标不断地努力。

（四）体察他人的情绪

"如果我们残酷地抹杀他人的感觉，我们就会付出代价。"一个人有很强的对他人情绪的认知能力，能够或善于从细微的信息中体察他人的需求和情绪，具备同理心，顺应他人的情绪与需求，就能得到他人的认可。认知他人的情绪是在情感自我知觉的基础上发展起来的一种能力，也是最基本的人际关系能力。

1. 学会倾听

言为心声，人的情绪"密码"可以通过倾听他们的语言而获得诠释。高情商者善于在倾听对方的话语中，掌握对方的心境，识别和体察他人的情绪。语言是表达自我情绪的一种有效手段，而且在不知不觉中，它能反映一个人复杂的、深层次的心理及情绪，我们能从与对方沟通的语言中和对其措辞的分析中，识别和体察一个人的情绪。学会倾听，是体察他人情绪的一个重要方法。

2. 学会移情思考

体察他人的情绪，关键在于要学会移情思考，情商有个重要概念叫移情，移情是"感人之所感""知人之所想",意思是分享他人的情感,对他人的处境感同身受,客观理解和分析他人的情感,然后在情感上与他人共鸣,这是获得他人信任的一个重要方法。

3. 学会同他人情绪共鸣

同他人情绪共鸣是指当我们识别、体察到他人情绪之后,需知道和感受他人某种情绪的特点和情绪认同的需求,获得彼此相同的情感认知和感受。譬如,当他人被评为企业模范员工时,我们要由衷地赞美,同他人分享当选模范员工的快乐情绪,而不要冷漠视之;当他人在工作中遭遇挫折之时,我们要给予同情,乐于同他人分担其痛苦的情绪,而不要幸灾乐祸。

【情境案例】

> 周红长得并不好看,学历也不大高,在一家房地产公司做文字秘书,周红的打字室与老板的办公室之间只隔着一块大玻璃,老板的举止她只要愿意就可以看得清清楚楚,但她很少向那边多看一眼,周红每天都有打不完的材料,她知道工作认真刻苦是她唯一可以和别人一争短长的资本。她处处为公司打算,打印纸舍不得浪费一张,如果不是要紧的文件,她会把一张打印纸两面用。一年后,公司资金运作困难,员工工资开始告急,人们纷纷跳槽,最后总经理办公室的工作人员就剩下她一个。人少了,周红的工作量也陡然加重,除了打字,还要做些接听电话、为老板整理文件的杂活儿。有一天,周红走进老板的办公室,直截了当地问老板:"您认为您的公司已经垮了吗?"老板很惊讶,说:"没有!""既然没有,您就不应该这样消沉。现在的情况确实不好,可很多公司都面临着同样的问题,并非只是我们一家。而且虽然您的12 000万元砸在了工程上,成了一笔死钱,可公司尚在呀!我们不是还有一个公寓项目吗?只要好好做,这个项目就可以成为公司重振旗鼓的开始。"说完她拿出那个项目的策划文案。隔了几天周红被派去负责那个项目,2个月后,那片位置不算好的公寓全部先期出售。周红为公司拿到了12 000万元的支票,公司终于有了起色。过了三年,公司改成股份制,老板当了董事长,周红则成了新公司第一任总经理。老板在新公司的周年庆上当着全体员工热泪满眶地对周红说道:"谢谢你,如果当初没有你的那番话和你的支持,我不可能走出那次危机,也不可能有今天。我永远感激你在我最困难的时候给予我的鼓励和帮助。"周红却说道:"这是我的分内之事,也是每一个公司员工应该做的。"台下顿时掌声雷动。
>
> 思考题:
>
> 从这个案例中,你得到了什么启示?

【情境演练】

态度训练

一、目标

每天更新自己的态度

二、时间

10分钟

三、道具

每人一份"态度调节标准"

四、步骤

（一）每人发一份"态度调节标准"

给你当前的态度打分，读完每句后在1~10的数字之间给自己打分。10分，表明你认为自己的态度在班级里是最好的；1分，表明你认为自己的态度在班级里是最糟的。

1. 让我猜，我觉得老师现在会给我的态度打分为：

2. 让我猜，我觉得同学和家长会给我的态度打分为：

3. 现实中，我给自己的态度打分为：

4. 在与他人相处时，我认为自己的效率可打分为：

5. 我当前的创造力水平为：

6. 如果仪表可以测量我的幽默感，我相信读数会接近于：

7. 我最近的性情——我对他人表现出的耐心和敏感——可打分为：

8. 当谈到不让小事情干扰自己，我可打分为：

9. 根据近来得到的赞扬的多少，我可打分为：

10. 我给最近几星期来自己对学习和生活的热情打分为：

总分：

（二）结果分析

1. 得分为90分或以上者，表明你的态度很"和谐"，不需要调整。

2. 得分为70~90分者，表明小调整会对你有帮助。

3. 得分为50~70分者，表明需要大调整。

4. 如果你给自己的打分在50分以下，那么你需要对自己进行大调整。

五、分享

1. 为什么要不断调整自己的心态？

2. 如何让自己拥有阳光心态？

【情境延伸】

情商能力测试

这是一组欧洲流行的测试题，共33题，测试时间25分钟，最高EQ为174分。如果你已经准备就绪，请开始计时。

第1～9题：请如实选答下列问题。

1．我有能力克服各种困难：
A．是的　　　　　B．不一定　　　　　C．不是的

2．如果我到一个新的环境，我要把生活安排得：
A．和从前相仿　　B．不一定　　　　　C．和从前不一样

3．一生中，我觉得自己能达到我所预想的目标：
A．是的　　　　　B．不一定　　　　　C．不是的

4．不知为什么，有些人总是回避或冷淡我：
A．不是的　　　　B．不一定　　　　　C．是的

5．在大街上，我常常避开我不愿打招呼的人：
A．从未如此　　　B．偶尔如此　　　　C．有时如此

6．当我集中精力工作时，假使有人在旁边高谈阔论：
A．我仍能专心工作　B．介于A、C之间　C．我不能专心且感到愤怒

7．我不论到什么地方，都能清楚地辨别方向：
A．是的　　　　　B．不一定　　　　　C．不是的

8．我热爱所学的专业和所从事的工作：
A．是的　　　　　B．不一定　　　　　C．不是的

9．气候的变化不会影响我的情绪：
A．是的　　　　　B．介于A、C之间　　C．不是的

第10～16题：请如实选答下列问题。

10．我从不因流言蜚语而生气：
A．是的　　　　　B．介于A、C之间　　C．不是的

11．我善于控制自己的面部表情：
A．是的　　　　　B．不太确定　　　　C．不是的

12．在就寝时，我常常：
A．极易入睡　　　B．介于A、C之间　　C．不易入睡

13．有人侵扰我时，我：
A．不露声色　　　　　B．介于A、C之间　　C．大声抗议，以泄己愤

14．在和人争辩或工作出现失误后，我常常感到震颤、精疲力竭而不能继续安心工作：
A．不是的　　　　　　B．介于A、C之间　　C．是的

15．我常常被一些无谓的小事困扰：
A．不是的　　　　　　B．介于A、C之间　　C．是的

16．我宁愿住在僻静的郊区，也不愿住在嘈杂的市区：
A．不是的　　　　　　B．不太确定　　　　C．是的

第17～25题：在下面问题中，请选择一个和自己最切合的答案。

17．我被朋友、同事起过绰号、挖苦过：
A．从来没有　　　　　B．偶尔有过　　　　C．这是常有的事

18．有一种食物使我吃后呕吐：
A．没有　　　　　　　B．记不清　　　　　C．有

19．除去看见的世界外，我的心中没有另外的世界：
A．没有　　　　　　　B．记不清　　　　　C．有

20．我会想到若干年后会有什么事使自己极为不安：
A．从来没有想过　　　B．偶尔想到过　　　C．经常想到

21．我常常觉得自己的家庭对自己不好，但是我又确切地知道他们的确对我好：
A．否　　　　　　　　B．说不清楚　　　　C．是

22．每天我一回家就立刻把门关上：
A．否　　　　　　　　B．不清楚　　　　　C．是

23．我坐在小房间里把门关上，但我仍觉得心里不安：
A．否　　　　　　　　B．偶尔是　　　　　C．是

24．当一件事需要我做决定时，我常觉得很难：
A．否　　　　　　　　B．偶尔是　　　　　C．是

25．我常常用抛硬币、翻纸、抽签之类的游戏来预测凶吉：
A．否　　　　　　　　B．偶尔是　　　　　C．是

第26～29题：下面各题，请按实际情况如实回答，在你选择的答案下打"√"。

26．为了工作我早出晚归，早晨起床我常常感到疲惫不堪：
是_____　否_____

27．在某种心境下，我会因为困惑陷入空想，将工作搁置下来：
是_____　否_____

28．我的神经脆弱，稍有刺激就会使我战栗：
是_____　否_____

29．睡梦中，我常常被噩梦惊醒：

是_____ 否_____

第30～33题：本组测试共4题，每题有5种答案，请选择与自己最切合的答案，在你选择的答案上打"√"。

答案标准如下：

从不（1）　　几乎不（2）　　一半时间（3）　　大多数时间（4）　　总是（5）

30．工作中我愿意挑战艰巨的任务。1　2　3　4　5

31．我常能发现别人好的意愿。1　2　3　4　5

32．能听取不同的意见，包括对自己的批评。1　2　3　4　5

33．我时常勉励自己，对未来充满希望。1　2　3　4　5

计分时请按照计分标准先算出各部分得分，最后将几部分得分相加，得到的分值即为最终得分。

第1～9题，每回答一个A得6分，回答一个B得3分，回答一个C得0分。计____分。

第10～16题，每回答一个A得5分，回答一个B得2分，回答一个C得0分。计____分。

第17～25题，每回答一个A得5分，回答一个B得2分，回答一个C得0分。计____分。

第26～29题，每回答一个"是"得0分，回答一个"否"得5分。计_____分。

第30～33题，从左至右分数分别为1分、2分、3分、4分、5分。计_____分。

总计为_____分

结果分析

高情商

如果你的EQ在150分以上，那你就是个EQ高手：

你尊重人的人权和人格尊严。

不将自己的价值观强加于他人。

对自己有清醒的认识，能承受压力。

自信而不自满。

人际关系良好，和朋友或同事能友好相处。

善于处理生活中遇到的各方面的问题。

能认真对待每一件事情。

较高情商

如果你的得分在130～149，说明你的EQ较高：

你是负责任的"好"公民。

自尊。

有独立人格，但在一些情况下易受别人焦虑情绪的感染。

比较自信而不自满。

较好的人际关系。

能应对大多数的问题，不会有太大的心理压力。

较低情商

如果你的得分在 90~129，说明你的 EQ 一般，易受他人影响，自己的目标不明确。

比低情商者善于原谅，能控制大脑。

能应付较轻的焦虑情绪。

把自尊建立在他人认同的基础上。

缺乏坚定的自我意识。

人际关系较差。

低情商

如果你的得分在 90 以下，说明你的 EQ 较低，自我意识差。

无确定的目标，也不打算付诸实践。

严重依赖他人。

处理人际关系能力差。

应对焦虑能力差。

生活无序。

无责任感，爱抱怨。

【情境链接】

《羊皮卷》之六——今天我要学会控制情绪

潮起潮落，冬去春来，夏末秋至，日出日落，月圆月缺，雁来雁往，花飞花谢，草长瓜熟，自然界万物都在循环往复的变化中，我也不例外，情绪会时好时坏。

今天我要学会控制情绪。

这是大自然的玩笑，很少有人窥破天机。每天我醒来时，不再有旧日的心情。昨日的快乐变成今日的哀愁，今日的悲伤又转为明日的喜悦。我心中像有一只轮子不停地转着，由乐而悲，由悲而喜，由喜而忧。这就好比花儿的变化，今天绽放的喜悦也会变成凋谢时的绝望。但是我要记住，正如今天枯败的花儿蕴藏着明天新生的种子，今天的悲伤也预示着明天的欢乐。

今天我要学会控制情绪。

我怎样才能控制情绪，以使每天卓有成效呢？除非我心平气和，否则迎来的又将是失败的一天。花草树木，随着气候的变化而生长，但是我为自己创造天气。我要学会用自己的心灵弥补气候的不足。如果我为顾客带来风雨、忧郁、黑暗和悲观，那么他们也会报之以风雨、忧郁、黑暗和悲观，而他们什么也不会买。相反地，如果我为顾客献上欢乐、喜悦、光明和笑声，他们也会报之以欢乐、喜悦、光明和笑声，我就能获得销售上的丰收，赚取成仓的金币。

今天我要学会控制情绪

我怎样才能控制情绪，让每天充满幸福和欢乐？

我要学会这个千古秘诀：弱者任思绪控制行为，强者让行为控制思绪。

每天醒来当我被悲伤、自怜、失败的情绪包围时，我就这样与之对抗：

沮丧时，我引吭高歌。

悲伤时，我开怀大笑。

病痛时，我加倍工作。

恐惧时，我勇往直前。

自卑时，我换上新装。

不安时，我提高嗓音。

穷困潦倒时，我想象未来的富有。

力不从心时，我回想过去的成功。

自轻自贱时，我想想自己的目标。

总之，今天我要学会控制自己的情绪。

从今往后，我明白了，只有低能者才会江郎才尽，我并非低能者，我必须不断对抗那些企图摧垮我的力量。失望与悲伤一眼就会被识破，而其他许多敌人是不易觉察的。它们往往面带微笑，招手而来，却随时可能将我摧毁。对它们，我永远不能放松警惕。

自高自大时，我要追寻失败的记忆。

纵情享受时，我要记得挨饿的日子。

洋洋得意时，我要想想竞争的对手。

沾沾自喜时，不要忘了那忍辱的时刻。

自以为是时，看看自己能否让风住步。

腰缠万贯时，想想那些食不果腹的人。

骄傲自满时，要想到自己怯懦的时候。

不可一世时，让我抬头，仰望群星。

今天我要学会控制情绪。

有了这项新本领，我也更能体察别人的情绪变化。我宽容怒气冲冲的人，因为他尚未懂得控制自己的情绪，也可以忍受他的指责与辱骂，因为我知道明天他会改变，重新变得随和。我不再只凭一面之交来判断一个人，也不再因一时的怨恨与人绝交，今天不肯花一分钱购买金蓬马车的人，明天也许会用全部家当换取树苗。知道了这个秘密，我可以获得极大的财富。

今天我要学会控制自己的情绪。

我从此领悟了人类情绪变化的奥秘。对于自己千变万化的个性,我不再听之任之,我知道,只有积极主动地控制情绪,才能掌握自己的命运。我控制自己的命运,而我的命运就是成为世界上最伟大的推销员!

我成为自己的主人。

我由此而变得伟大。

中 篇

外在系统——仪表风度层

模块二　仪容美的塑造

【知识目标】

　　◇认识外在形象在职业形象塑造中的重要意义
　　◇认识仪容美与职业形象的关系
　　◇认识外在形象管理的方法

【能力目标】

　　◇掌握职场人士应该具备的仪容规范
　　◇掌握外在形象管理的方法

【素质目标】

　　◇培养鉴赏美、塑造美的美感意识

仪容仪表是个人形象最基本的要求，是人们精神需求的一部分，是一种美的享受，同时又反作用于心灵，使心灵经过美的熏陶潜移默化地向更高、更美的境界升华。

仪容包括发型、个人卫生和化妆。职业人士仪容的基本要求就是整洁，整洁的仪容能给人增添风采，显得生气勃勃，充满活力，使他人感到赏心悦目，更愿意和你交往。

情境一　仪容清洁

仪容清洁是一个人仪容美最基本的要求，也是事业成功的必要条件，每天早晚要坚持洗脸，及时清除附在面颊、颈部的污垢、汗渍等不洁之物。一个蓬头垢面的人哪怕再美，外观上给人的感觉也是不好的。

一、面容清洁和护理

清洁面部主要是去除新陈代谢产生出的老化物质、空气污染和卸妆的残留物，同时也清洁肌肤。去除污垢也就是尽量不让污垢留在脸上。正确的洗脸方法有助于血液循环和新陈代谢的正常进行，保持皮肤的弹性。

（一）正确的洗脸方法

每天早晚各一次的清洁工作，可以温和而彻底地卸掉脸上的化妆品、油脂及污垢；

用温和的肥皂或洗面奶，以使用后脸部无紧绷感为宜；

手指打圈，自下而上，后自上而下，反复多次；

注意：洗脸的重点是洗面乳需充分起泡，不可因为要清除污垢而用力揉搓肌肤，每个部位都要洗干净。

（二）皮肤的护理

健康的皮肤应该是有弹性的、细腻的，如果营养不良，睡眠不好，心情不好，肌肤就会发生变化。因此，充分的质量好的睡眠以及均衡地摄入动物蛋白和各类维生素，是保证皮肤健康的前提。

自然界的日光照射、空气污染、灰尘，都会对人的皮肤造成伤害。一个经常在风吹日晒条件下工作的人和一个整天在办公室里工作的人，皮肤的质地和外观是完全不一样的，这说明外界物质会影响人的皮肤。而年龄的衰老也会使人的皮肤变得日益松弛，所以在保持皮肤年轻的状态下，还要注意皮肤本身的保养护理。

1. 首先弄清皮肤类型

干性：肤质洁白细腻，脂肪分泌量极少，毛孔细而不显，但干涩无光，缺乏抵抗外界的能力，易起小皱纹。

中性：皮肤油脂分泌适中，表面光滑滋润，有光泽，是一种理想的皮肤类型。

油性：油脂分泌多，油亮光泽，肌肤纹理粗糙，毛孔大而显眼，易出粉刺，痤疮，但不易起皱纹。

混合型：鼻子周围油，四周干；冬天干，夏季油；年轻油，年老干。

2. 针对性护理

干性：将玫瑰花瓣浸泡水中，加入几滴蜂蜜，沾湿面部，用手拍打至完全吸收，每晚2~3次，能使面部皮肤滋润光滑细腻。

中性：晚上冷水洗净面部后，再用水蒸气熏脸片刻。

油性：在热水中加几滴白醋，能有效地清洁过多的皮脂皮屑和灰尘，使面部皮肤显得光洁美丽，并能减轻毛孔堵塞。

3. 保持良好的习惯

保持良好的心态，乐观微笑会让你容光焕发。

每天保证7~8小时的睡眠时间，充足的睡眠可以有效减少黑眼圈和眼袋。

多喝水，每天需要饮水2 000毫升。

合理的膳食能增进皮肤的营养，改善我们的气色。维生素很有用，在水果和动物肝脏中都有。

防晒也是很重要的一个环节。紫外线对皮肤伤害大，夏季户外活动要涂抹防晒霜，冬季最好也用上，但指数可略低。

二、口腔的清洁

口腔的清洁，首先应做到牙齿的清洁，牙齿的健康洁白可以为我们的形象加分不少，因此要养成早晚刷牙的习惯，每次大约3分钟左右。需注意的是，不能只刷牙齿外面，里外及咬合面都要刷，并且最好按一定顺序刷，免得有遗漏。此外，刷牙的方向也很重要，要顺着牙齿上下刷，而不是左右拉锯式地横刷，这样容易破坏牙齿，使牙齿变得敏感。

其次，要注意口腔的卫生，工作前不吃蒜、韭菜之类的食物，如口腔有异味应该及时清理，养成饭后漱口的习惯，不要给他人造成嗅觉上的污染。

三、手的清洁

从一双手可以看出一个人的修养、卫生习惯和对生活的态度。俗话说："手是人的第二张脸"，试想，在重要的交际场合，一张光彩照人的脸和一副苗条健美的身材却搭配一只暗淡粗黑、满是皱纹的手是极不协调的。因此，手部肌肤和脸部肌肤一样，同样需要我们的悉心呵护，平时要注意：经常修剪指甲，但不可当众修剪指甲。

要经常做手部按摩和手部运动，注意手部防晒，女士可以让指甲保持适当的长度，不宜过分修饰，以淡色为主。同时日常生活中可按照以下程序护理手部。其一，是去角质，我们会去脸部的角质，但是一般不会想到手部也会有很多老化角质。手部肌肤长了很多老化角质后，不仅影响手部肌肤对护手霜营养的吸收，还会影响新生角质的生长，破坏肌肤保湿和吸收水分的能力。选择含有乙醇酸和水杨酸成分的护手霜，轻轻地按摩手部，搓掉老化角质，均匀肌肤肤色，在去完角质后一定要涂抹护手霜，帮助手部肌肤补充水分。其二，购买质量好的护手霜，质量好的护手霜不仅能帮助肌肤补充充足的营养，还能锁住肌肤水分，让手部滋润起来。护手霜常见的有效成分有：甘油、硅胶油、植物油、凡士林、脂肪酸类等，这些有效成分可以为手部肌肤形成一个保护膜，不让水分那么快速地流失掉，还能很好地渗入到肌肤里，滋润肌肤，又不会产生油腻感。其三，随时进行手指运动，做一些手指运动，可以帮助双手保持灵活性和协调性，且还能保持弹性。比如休息的时候，看电视的时候，都可以经常做做手指操或手指按摩。手指运动，可以是假装弹钢琴，让手指能够快速做出反应，或是攥拳、伸开、再攥拳，反复如此。这样不仅可以灵活手部，还可以让手形看起来更完美。

有很多人小时候就养成了啃指甲的习惯，殊不知这样的习惯既伤害了自身指甲的健康，同时也让人觉得少教失调。当众咬手指头更是应该避免的行为。

指甲要保持清洁，试想当你伸手和人握手时，指甲缝里都是污垢，别人对你的印象一定大打折扣。

四、胡须的清洁

古代男子 28 岁可蓄须。现在，职场男子一般不蓄须，除了老人和职业需要。

要养成经常剃胡子的习惯，及时修面（男士魅力的亮点）。刮胡子应选择在早晨，因为此时脸部和表皮都处于放松状态。有些男士不使用剃须膏，用剃须刀直接剃完了事，其实涂抹剃须膏不但能润滑胡须，还能减少剃刀对面部的直接伤害。先净面，待毛孔放松张开、胡须变软再开始剃须，操作时顺序应从鬓角、脸颊、脖子到嘴唇四周及下巴。剃须后，用温水洗脸，再用凉水冲一遍，以利于张开的毛孔收缩复原。之后，涂些滋润液、霜等，以安抚皮肤，减少刺痛。另外，平时切忌用手或镊子乱拔胡须，以免因细菌入侵，引起毛囊炎、疖、毛孔外翻等皮肤病。

（一）正确的剃须方式

（1）顺着须发生长的方向。
（2）常用热水冲洗剃须刀，每三次后应更换手动刀片。

（二）错误的剃须方式

（1）用手或镊子拔胡须。
（2）使用前不清洗剃须工具。
（3）认为酒精能消毒，不考虑皮肤类型。
（4）认为热水可以去油，用热水洗脸。
（5）认为剃须泡沫越多越好。

五、头发的清洁

（一）头发的基本常识

头发的基本成分是蛋白质，头发的数量约有 10 万~15 万根，头皮面积约 600 平方厘米，每平方厘米约有 200 根头发。每根头发平均每月可长 1 厘米，头发的平均寿命约 3~5 年，之后便会自行脱落，每人每天约要脱落几十根至 100 根头发，随后新头发长出来。人体的毛发分为长毛、短毛、毫毛等。头发属于长毛的范围，长毛在 1 厘米以上，且较粗硬、色泽浓。对于头发有不同的分类，从生理状态可分为中性发、干性发、油性发和受损发。干性发：光泽、柔顺、健康的发质。既不油腻也不干燥，软硬适度，丰润柔软，有自然的光泽，适合做各种发型，是最理想的发质。干性发：头发干燥，触摸有粗糙感，不润滑，缺乏光泽，做好造型后易变形。油性发：头发清洗干净后 1~2 天就明显油腻黏着，光泽明显，用毛巾擦拭头发和头皮时，油脂较多。触摸有粘腻感，头皮屑多，缺乏光泽。不适合平直的发型，应选用蓬松发型，使头皮接触更多空气，减少头部油脂的产生。受损发：头发干燥，触摸有粗糙感，缺乏光泽，颜色枯黄。发尾分叉，不易做造型。

（二）头发的日常护理

1. 科学洗头

一般认为头发健康的标准是具有光泽，头发乌黑，清洁滋润无头屑，这会给人一种整洁、庄重、洒脱、文雅、活泼的感觉。保持头发健康要注意：

常洗：一般夏天 2~3 天洗，冬天 4~5 天洗，油性发质更需常洗。

洗法：螺旋式转动指尖按摩，不可胡抓。洗后漂洗彻底，毛巾拭干，不可太用劲。

洗头前要做的准备：洗头前，务必把头发梳顺，直到可以很顺地把头发从发根梳到发尾为止，有打结的部分一定要梳顺，不要硬拉硬扯。

洗头方式：要仰起头洗，在沐浴洗发时，尽量抬头洗头发，不要面部朝下。因为低着头洗发，头皮容易向下滑动，短期用这样的方式洗发不会有太大影响，但是若长期采用低头洗发的方式，容易使脸部变得松弛，甚至会让法令纹加深。

洗头时注意应先用大量清水把头弄湿，让水顺着头发流下。用脸盆洗头时，千万别把整个头浸泡在脸盆中。一般人的头发都不会太脏，所以只要轻揉至产生泡沫就好，无须用力搓洗。湿发摩擦大，为免扯乱头发或弄伤头皮，最好使用护发素，均匀地涂满发梢，然后用清水彻底冲洗干净。

美发专家说，经常更换不同牌子的洗头水，护发效果会比长期使用单一牌子更佳。

洗完头后不宜自然风干，每次洗完头后不吹头，湿的发根更容易粘上灰尘等物质，让刚洗干净的头发沾染更多的灰尘。而且，头发处于湿的状态时，头皮角质也是处于松弛的状态，这样毛发之间的摩擦更加明显，更容易造成头发的分叉。因此，每次洗完头后最好不要自然风干湿头发。

干发有用毛巾擦拭和吹风机吹干两种方式。很多人认为吹风机吹出的热风会使头发变得干燥而没有光泽，因此他们选择用毛巾使劲搓干的方式。用毛巾代替吹风机更容易伤发，因为头发湿的时候最脆弱，不能用力搓干，也不能拼命抖动，否则头发会断裂或打结。

洗完头用吹风机干发，会使头发中的蛋白质和水大量流失，令秀发变得干燥、失去弹性。

使用吹风机时应注意，湿漉漉的头发毛鳞片是全部打开的，这个阶段的头发最脆弱，因此不宜直接用吹风机的热风档对准头发。正确的做法是用吸水性较强的毛巾包裹吸掉头发上的水滴，当头发不再滴水时，高举吹风机，手举过头垂直吹干头发，只要让吹风机的风筒不断游移，并注意与头发的距离保持在 10 厘米以上，风筒是不会伤害头发的，头发吹到七至八成干即可。尚有一丝水汽的头发，可用手轻轻梳理，待其自然风干便可。

特别提醒，在吹头发的时候应该顺着头发毛鳞片生长的方向吹干，即从根部开始。如果从发梢开始吹，干后的头发容易出现毛躁和不服帖的现象。

职业男士不宜留长发络腮胡，这样会给公众留下粗鲁、办事拖沓的印象。职业女士应该根据自己的脸型及体型选择合适的发型，干净整洁，显得精神最重要。

2. 正确护发

头发所需的主要营养成分，多来源于绿色蔬菜、薯类、豆类和海藻类等。绿色蔬菜：菠菜、韭菜、芹菜、圆辣椒等。绿色蔬菜能美化皮肤，有助于黑色素的运动，使头发永葆黑色。此外，这些蔬菜中还有丰富的纤维质，能不断增加头发的数量。豆类大都能起到增加头发的光泽、弹力和滑润等作用，防止分叉和断裂。海藻类：海带、海菜等含有丰富的钙、钾、碘等物质，能促进脑神经细胞的新陈代谢，还可预防白发。除此之外，甘薯、山药、香蕉、菠萝、芒果也是有利于头发生长的食品。

不利于头发生长的食品有糕点、快餐食品、碳酸饮料、冰激凌等。这些大都是年轻女性喜爱的食品，如果饮食过量，会影响到头发的正常生长，容易出现卷曲或白发。吸烟过多也会影响毛发的生长。心绪不宁或住在潮冷的房间里，以及神经性的紧张、不安，均会影响毛发的正常生长。长期在潮湿阴冷的房间里工作的人，肠胃易受凉，新陈代谢不调，血液循环受阻，因此容易出现头发变细、头皮增多、掉发、断发等现象，特别是头顶的头发会越来越稀薄。

3. 不同发质的护理

保养头发的关键点在于先要认清自己是哪一种发质，就像保养肌肤一样，不一样的肌肤需要的保养方案不同。同样我们的头发也是如此。如果头发爱出油当然是以清洁为主，如果头发干枯没有光泽，那么就需要为头发补充营养。

干性发质：油脂少，头发干枯，容易打结、松散，头皮干燥，容易有头皮屑。油脂分泌不足或头发角蛋白缺乏水分，是经常漂染或用过热水温洗发、天气干燥等原因导致的。

护理要诀：用营养丰富的洗发水，无须天天洗发；每星期做两次护理；避免在阳光下暴晒，宜用有防晒成分的护发产品和保湿产品。

中性发质：柔软顺滑，有光泽，油脂分泌正常，每天脱发数量约三十根，只有少量头皮屑。

护理要诀：注意头皮保养，洗发时多进行头皮按摩，以保证血液循环良好，养分可以输送到发尾；定期修剪，保持秀发营养充足。

油性发质：发丝油腻，洗发后翌日，发根已出现油垢，头皮如厚鳞片般积聚在发根，容易头痒。油脂分泌过剩，大多与荷尔蒙分泌紊乱、压力大、过度梳理、经常进食高脂食物有关。

护理要诀：注意清洁头皮；不要用过热的水洗发，以免刺激油脂分泌；护发素只宜涂在发梢上，不要抹在头皮上；不要经常用发刷梳头，宜以梳代替发刷，并只梳理发丝。

混合性发质：头皮油但头发干。多数油性头皮的人都是过度电发或染发又护理不当，以致发丝干燥但头皮仍油腻。

护理要诀：集中修护发梢，避免头发开叉或折断；停止电发染发，修剪干枯发梢，让头发得到修养；选用保湿型护发素，注意头部按摩；改善个人饮食，少食油腻食品，增加黑色食品的摄入量。

情境二 仪容的美化

仪容美化也就是适度的化妆。现在，一些合资和外资的企业均要求员工画淡妆，即所谓的淡扫蛾眉，淡点唇。在社交当中，良好的外形是很好的"通行证"。人们对美好的东西总是很欣赏的。俗话说得好，"先天不足后天补，三分长相七分打扮"。这本身就说明了外在的修饰是使一个人变得更美的非常重要的手段。因此，我们需要经过适当的修饰把自己最美的一面展示给别人。而化妆是我们常用的掩盖或矫正缺陷或不足的重要手段。化妆是女性职业形象的标志。修整自己的容貌也是对别人的尊重。

一、化妆的准备

必备的化妆工具：眉钳、眉剪、化妆笔、棉签、吸油纸

化妆用品：粉底、唇线笔、口红、眉笔、眼影、腮红

化妆本身是保护皮肤的一种有效的方法，但化妆品也含有化学成分，对皮肤可能会有不良影响。长期化妆过浓也会伤害皮肤。适度是一种艺术，因人而异，全在自己心得，适度原则在任何时候都是必要的。

二、化妆的程序

（1）先洗净脸，拍上营养水，涂上营养霜，进行营养隔离。

（2）涂粉底，修饰脸型和掩饰色斑。注意，眉眼处不涂。若是定妆粉，须薄淡；若是膏状，应用指肚轻轻拍匀。

（3）涂眼影，突出眼睛的立体感。亮暗搭配。贴近睫毛处重些，眼角处重些，要揉开。如果是戴眼镜，可涂得稍浓些。

（4）描画眉毛，将眉笔修成扁平状，沿眉的生长方向画短笔，眉头重而宽，眉梢轻而浅。然后用眉刷使之均匀。

（5）上腮红，应自然匀称。圆脸面宽者敷于面颊骨，向下抹开；长脸面窄者敷于颊骨上部，向四周抹开；椭圆形脸敷少量于颊骨，向四周抹开。白肤者用浅桃红、浅玫瑰红、浅橘色；肤黑者用浅棕色。

（6）抹口红，先勾唇线，有立体感。口红颜色选择接近自然唇色的红色系列，不可用艳红或另类色彩。

三、化妆的技巧

化妆要因人而异，要突出自己的个性特点，对别人合适的妆容对自己未必合适，要根据

自身情况来化妆。每个人生就的脸型是没法改变的，不同的脸型，采用不同的化妆方法能发挥特殊的效果，增添其美感。

（1）椭圆脸型：椭圆脸型是最合理想的脸型，所以要尽量保持其完整。这一脸型的化妆要着重自然，不要有所掩饰。

眉毛：顺着眼睛把眉毛修成正弧形，位置适中，不宜过高，眉头与内眼角齐。

胭脂：抹在颧骨最高处，然后向后向上化开。

嘴唇：依自己的唇样涂成最自然的样子，除非自己的嘴唇过大或过小。

（2）长脸型：属于这种脸型的，应利用化妆来增加面部宽阔感。

眉毛：位置不可太高而有角，眉毛尤不应高翘。

胭脂：抹在颧骨的最高处与太阳穴下方所构成的曲线部位，然后向上向外抹出。前端距离鼻子要远些。

嘴唇：可稍微涂得厚些。两颊下陷成窄小者，宜在后两部位敷淡色粉底成光影，使其显得较为丰满。

（3）圆脸型：这种脸型是可爱的，要修改成理想的椭圆形并不困难。

眉毛：不可平直和起角，但不可太弯，应为自然的弧形带少许弯曲。

胭脂：涂法是从颧骨一直延伸到下颚部，必要时可利用暗色粉底做成阴影。

嘴唇：部分上唇化成阔而浅的弓形，均匀涂成圆形小嘴。

（4）方脸型：化妆时要注意增加柔和感，以掩饰脸上的方角。这种脸型的人，两边颧骨很突出，因此要设法掩饰。

眉毛：眉毛要稍阔而微弯，不可有角。

胭脂：不妨涂得丰满一些。可用暗色粉底来改变面部轮廓。

（5）三角脸型：三角脸型额部较窄而两腮大，显得上小下阔，此类脸型的化妆秘诀跟圆脸、四方脸差不多。

眉毛：宜保持原状态。

胭脂：由眼尾向外抹涂，对于两腮可用较深的粉底来掩饰。

嘴唇：唇角稍向上翘。

（6）倒三角脸型：即是人们所说的瓜子脸、心形脸，倒三角脸型与三角脸型刚好相反，它的特点是上阔下尖。

眉毛：眉形应顺着眼睛的位置，不可向上倾斜。

胭脂：涂在颧骨最高处，然后向上向后化开。

嘴唇：要显得柔和。如果下巴特别尖小的人，脸的下部便要用浅色的粉底，而过宽的前额宜用较深的粉底。

四、不同场合的化妆

（一）办公室化妆

办公室内的工作妆，色彩不宜太艳，因为夸张的效果会吸引别人的注意，影响正常的工作秩序。宜选用柔和淡雅的颜色或咖啡色系列的色彩。

程序如上。

上完妆后，最好能对着镜子微笑几下，看一下整体效果，要知道，所有的化妆都不是呆板不变的，微笑会让你的表情生动，而生动是化妆的最终目的。

（二）外出公务化妆

外出公务时，人经常暴露在自然阳光下，与人的距离反而不近，因此化妆的色彩可以活泼或艳丽一些，使人看上去容光焕发、生机勃勃。

程序上应用防晒的散粉，特别是T型部位。

（三）社交场合化妆

职业人士的商务应酬和社交活动较多，且多在晚上举行，因此，晚妆的重点要注意灯光的影响，在眼睛、腮及嘴唇上下工夫，强调光彩夺目的效果。

程序上眼影应选用带珠光的高雅色系，如紫色粉红色，腮红用明亮有珠光的口红。

五、化妆的礼节及应注意的问题

（1）在正式场合，女士不化妆会被认为是不礼貌的。

（2）化妆的浓淡在于时间和场合。根据时间与场合，决定妆面的浓淡。

（3）在公共场合不能当众化妆或补妆。有些女士对自己的形象过分在意，不论什么场合，一有空闲就会拿出化妆镜对着镜子修饰一番，一副旁若无人的样子。在公共场合，众目睽睽之下修饰面容是没有教养的行为。

曾经有一位叫李小傅的女大学生去应聘工作，当时休息室里坐满了等候面试的人，有人充满自信，志在必得；有人紧张异常，一遍遍地背着自我介绍。面对众多的求职竞争者，李小傅不以为然地笑笑，从包里拿出化妆盒补妆，又用手拢拢头发，心想："我有高挑的个子，白皙的皮肤，还有这身靓丽的打扮，白领丽人味道十足，这次招聘舍我其谁？"周围的人都露出了不满的表情。考官叫到李小傅的名字，李小傅从容进入考场。按教官的要求，李小傅开始做自我介绍："各位好！我是师大中文系毕业班的学生李小傅。在校期间，我的学习成绩优良，曾担任两届学生会文艺部部长，……我还有很多业余爱好，比如演讲、跳舞啊，我还拿过奖呢！对于我的公关才能和社交手腕我是充满自信的。"李小傅一边说着，一边从包里拿市交谊舞大赛和校演讲比赛的获奖证书，化妆盒不小心跟着掉了出来，各式的化妆用品散落一地。她乱了手脚，慌忙捡东西，抬头对着考官说："不好意思！"考官们不满地摇头。考官甲:"小姐,虽然你获得过很多的奖项,但是你缺少了在公众场合对人的基本尊重,你还是另谋高就吧。"当众化妆是对人的不尊重,从这样的礼仪细节可以体现出一个人的职业形象,因而李小傅失掉了一次宝贵的面试机会。

(4)化妆是对仪容的外在美化和修饰,要想从内而外呈现出一种有活力的状态,就要保持肌肤的健康。要保持肌肤的健康,首先要多参加户外体育活动,促进表皮细胞的繁殖,使表皮形成一层抵御有害物质的天然屏障。其次要保持良好的心境与充足的睡眠,这样有利于新陈代谢,使面容富有光泽。再次要注意合理的饮食,从内部给予皮肤营养,如多饮水,多吃水果蔬菜等维 C 较多的食品。

女士香水的使用,注意用量不能太多,避免香味浓烈,幽幽清香是最易使人接受的。

【情境案例】

一次某公司招聘文秘人员,由于待遇优厚,应者如云。中文系毕业的小李同学前往面试,她的背景材料可能是最棒的:大学四年中,在各类刊物上发表了三万字的作品,内容有小说、诗歌、散文、评论、政论等,还为六家公司策划过周年庆典,一口英语讲得也极为流利,书法作品也堪称佳作。小李五官端正,身材高挑、匀称。面试时,招聘者拿着她的材料等她进来。小李穿着迷你裙,露出藕段似的大腿,上身是露脐装,涂着鲜红的唇膏,轻盈地走到考官面前,不请自坐,随后跷起了二郎腿,笑眯眯地等着问话,孰料,三位考官互相交换了一下眼色,主考官说:"李小姐,请回去等通知吧。"她喜形于色:"好!"拎起小包飞跑出门。

思考题:
该案例中李小姐的应聘为什么会失败?

【情境演练】

妆容实操考核:办公室女职员妆容

一、考核时间

80 分钟

二、考核要求

1. 考核前学生将所需的造型物品和配饰准备完毕。

2. 模特需着便装。

3. 妆型、妆色、发式要突出办公室女职员的特点。

4. 化妆整体设计要干净、清晰。

三、评分标准

1. 修眉（5分）：眉形修饰要适合脸型特点，不适合脸型特点的扣1分。

2. 底妆（5分）：操作手法正确，涂抹均匀，厚薄适中。以上各项如有不符合的，一项扣1分。

3. 画眉（3分）：眉形生动自然，适合脸型，浓淡适宜，左右对称，无生硬感。以上各项如有不符合的，一项扣1分。

4. 眼部化妆（10分）：眼影色彩柔和，与肤色、服装色协调，眼影晕染过渡自然、细腻，增加眼部神采，眼线描画自然、柔和，眼线线条整齐流畅与眼形协调；睫毛修饰后自然上翘。以上各项如有不符合的，一项扣1分。

5. 涂抹腮红（5分）：能较好地表现健康状况，效果自信。以上各项如有不符合的，一项扣1分。

6. 涂抹唇膏（5分）：唇形符合妆型特点，唇色与肤色、妆色、服装色协调。以上各项如有不符合的，一项扣1分。

7. 衔接（7分）：妆面衔接自然。妆面衔接不自然扣1分。

8. 梳理发型（10分）：发式的选择与妆型特点及脸型、服装相吻合。以上各项如有不符合的，一项扣2分。

9. 整体效果（20分）：是否符合办公室职员的特点。

【情境延伸】

皮肤类型小测试

1. 洗完脸后半小时，假如脸上没有涂抹任何产品，你会觉得：

A. 非常粗糙、出现皮屑

B. 仍有紧绷感

C. 能够恢复正常的润泽感

D. 脸像镜面简直要反光

2.中午的时候，你的脸常常会感到：

A. 紧绷，轻度发干或脱皮

B. 既不干，也不油，没有什么太大感觉

C. T区有点油腻

D. 不洗脸就活不下去了

3. 上妆后 2~3 个小时，你的妆容看起来：

A. 出现干纹和皮屑

B. 妆容仍然完好

C. 部分脱妆

D. 需要马上补妆，差不多已经完全脱妆

4. 站在镜子前，你的毛孔：

A. 脸很光滑，根本没有毛孔啊

B. 挺小的，不注意根本看不见

C. 鼻头上有一些黑点

D. 很明显，照镜子时就想死

5. 青春痘：

A. 这是什么，很少生或根本没有生过

B. 只有在生理期或者身体不适的时候才会生这东西

C. 额头上会生，别的地方很少生

D. 满脸都会生啊，还留了很多豆疤做纪念呢

A=1 分 B=2 分 C=3 分 D=4 分

结果分析

0~10 分　干性皮肤

这种皮肤的皮脂分泌量少，含水量低。皮肤看上去细腻、干燥少光泽，不易长粉刺、暗疮，年轻时漂亮干净。但是由于皮肤薄，纹理细致，毛孔不明显，弹性较差，对外界刺激耐受性差，易衰老。而且在干燥的天气中，皮肤容易干燥起皮，拍多少水乳都感觉不够保湿水润。但是只要做好合理的补水就很容易让肌肤变得水润！

护肤小建议：

*定期敷面膜，补充肌肤缺失的水分

*选择高保湿补水力强护肤产品

*平时做好防晒隔离

*每天保持 8 杯水

*尽量少使用去角质的产品

10~15 分　中性肌肤

恭喜你，你属于人人都会羡慕的中性肌肤哦，这种皮肤的水分和皮脂分泌保持在平衡状态，皮肤厚薄适中，纹理细腻，毛孔细小，对外界刺激不太敏感。皮肤看上去

滑红润，健康富有弹性，无瑕疵，是一种理想的皮肤。不油不干，水水润润。

护肤小建议：

*中性肌肤的护肤产品选择余地比较大，差不多任何质地的你都可以试一试，以自己擦上觉得舒服为最好。

*适度去角质，但也要慎用磨砂类产品，以防肌肤变敏感。

*不要过度使用保养品，以免堵塞毛孔。

15～20分　油性或偏油性肌肤

这种皮肤的皮脂分泌量多，含水量可能充足，也可能不足。皮肤较厚，肤色较深，纹理粗，毛孔大，弹性好，对外界刺激的耐受性好，耐衰老不易起皱，但皮肤看上去较粗糙、油腻光亮，易长粉刺、暗疮。油性皮肤，洁面不到半天，整个脸就又油光锃亮了。擦护肤品怕闷不舒服，擦彩妆品怕脱妆，反而更加尴尬。但其实，充足的油脂可以让肌肤不容易老化，这可是油性肌肤天生的优势哦。只要适度的控油和补水，油性皮肤也不一定会很难受的。

护肤小建议：

*用自己感觉清爽透气的乳液或啫喱状护肤品，但一定不要因为感觉不舒服而不用护肤品。

*可适度使用带有酒精的化妆水，尤其是在闷热的夏天。

*脸部多油有可能正是肌肤缺水的表现，所以油性肌肤也要多注意保湿。

*不要过度控油并依赖吸油面纸，这样反而会刺激你的皮脂腺分泌更快。

*每周要进行一次毛孔大扫除，千万不要偷懒。

【情境链接】

护肤生物钟

每个人都有自己的生物钟，同时，每个人的皮肤也有其遵循的作息时刻表，美容保养若能与肌肤自然作息的时刻相配合，就可发挥它最大的功效。

晚11点至凌晨5点

这时细胞生长和修复最旺盛，细胞分裂的速度要比平时快8倍左右，肌肤对护肤品的吸收力特别强。这时应使用富含营养物质的滋润晚霜，使保养效果发挥至最佳状态。可以是说最佳美容护肤时间。

早上6点至7点

肾上腺皮质素的分泌自凌晨4点开始加强，细胞的再生活动此时降至最低点。由于水分聚积于细胞内，淋巴循环缓慢，一些人这时会有眼皮肿胀的情形，可用能增强眼部循环，收紧眼袋的眼霜。

上午8点至12点

这时肌肤的功能处于高峰，组织抵抗力最强，皮脂腺的分泌也最为活跃。可做面部、身体脱毛、祛斑除痣及文眉、文眼线等美容项目。

下午1点至3点

此时血压及荷尔蒙分泌降低，身体逐渐产生倦怠感，皮肤易出现细小皱纹，肌肤对含高效物质的化妆品吸收力特别弱。这时若想使肌肤看来有生气，可额外用些精华素、保湿霜、紧肤面膜等。

下午4点至8点

随着微循环的增强，血液中含氧量提高，心肺功能最佳，能充分吸收营养，这段时间最适宜职业女性到美容院作保养，还可根据爱好进行健身运动。

晚上8点至11点

此时皮肤最易出现过敏反应，微血管抵抗力衰弱，血压下降，人体易水肿、流血及发炎，故不适宜做美容护肤。

情境三　发型的选择

发型是构成仪容美的重要内容，是人的第二张脸。在当今社会，头发的功能已不再单纯地表现人的性别，各种各样的发型更全面地表现着一个人的道德修养、审美情趣、知识结构及行为规范。任何一个人都可以通过某人的发型大致地判断出其职业、身份、所受的教育程度、生活状况及卫生习惯，更可以感受出其身心是否健康及对生活事业的态度。

发型的选择要与一个人的脸型、身材、气质、职业、年龄等相配。

一、发型与脸型

（1）鹅蛋脸。这种脸型也叫瓜子脸，是最理想的脸型，可以梳任何发型，更适合中分线，额前"刘海"，自然向两边分开，遮住前额向两侧宽出的部分。鬓角处不宜留发，以使两腮部显得饱满。

（2）圆形脸。这种脸型适合梳理垂直向下的发型，将头顶部的头发梳高，使脸部显长，避免遮住额头，利用头发遮住两颊，可使脸颊宽度减小，如烫发的话，发波宜大不宜碎。

正确发型搭配：

正确：头发侧分可以增加高度。用吹风机和圆齿梳将头顶吹高，两边的头发略盖住脸庞，头发宜稍长。

正确：头发倒分，长过下巴是最理想的，脸显得长些。

错误发型搭配：

错误：头发紧贴头皮，中间分缝，使脸显得更圆。

错误：头发比较蓬松，两边的头发又剪得太圆，好像一个圆气球顶着另一个气球。

（3）方形脸。这种脸型的人要尽量用头发修饰额头和下巴，缩小脸部的宽度。"刘海"往两侧太阳穴梳，以掩盖方正的额角。可以留长发至肩部，做侧分式，将长发稍微遮盖颈部；或留短发至下巴，用两额垂发盖住下颌。

正确发型搭配：

正确：顶部蓬松的头发，使脸变得稍长，往一边梳的刘海，会使前额变窄。头发宜长过腮帮。

正确：将头发尽量往一侧梳，造就不平衡感，可缓解四方脸的缺陷。

错误发型搭配：

错误：头发太平且中间分缝，更突出了四方脸。

错误：顶部头发太平，两边头发垂到腮帮，使脸显得更方。

（4）长形脸。这种脸型的人适合梳自然而蓬松的发型。可将前发剪成"刘海"，使脸蛋显得丰满，把两侧头发梳得饱满一些，使脸庞增加圆润感，发分线采用侧分法。

正确发型搭配：

错误发型搭配：

错误：长发且中间分缝，使脸显得更长。

错误：太短的头发堆在头顶，会使脸更长。

（5）菱形脸。修饰这种脸型的方法是以蓬松的"刘海"遮盖额部，使额角显得宽些。头发要遮住颧骨，以增加人的柔和感，发线侧分为宜。整体发式宜蓬松柔软。

（6）三角形脸。这种脸型的人应注意发型要增加侧头部头发的分量。以发梢遮两颊为宜，发线自中心向外侧斜伸。

（7）倒三角形脸。这种脸型可将头发往上梳，显得头部稍长。增加两侧头发的分量，尽量梳得蓬松些，发线可采用直线中分。

（8）男发。一般5～6厘米长为宜，脸长则发长（前不遮眼，左右不遮耳，后不碰衣领），下巴方的可留鬓发。其余参照女发。

二、发型与身材

（1）高瘦型。高而瘦的身材相对是比较理想的身材，但高瘦身材者有时容易给人以眉目不清的感觉，或者是脸部缺乏丰满感，给人以细长、单薄、头小的感觉。因此，在梳理时要注意增加发容量，发型应生动饱满，不可紧贴，稀少单薄的头发会令人乏味，也不可过于蓬松，适宜留长发、直发、烫发，适当地加强发型的装饰性，或在两侧进行卷烫，这对于清瘦的身材有一定的协调作用，能使人显得活泼又有生气。

（2）矮胖型。脖子显短，不能留披肩发，尽可能把头发扎高，亮出脖子，以增加一定的视觉身高。头发不要过于蓬松，不宜留波浪发、长直发，应紧俏利索，不可过卷。

（3）短小型。小巧玲珑，发型应以秀气精致为主。

（4）高大型。以简单大方为好。

三、发式与发质的协调

（1）直发式。这类头发应避免复杂的花样，适宜直发，凸显青春飘逸。为了避免头发紧贴头皮，可以用吹风机将头顶吹蓬松。

（2）细软发质。这类发质细而软，但是视觉上发量较少。因此，细软的头发适宜剪成俏丽的短发，或将头发修剪出层次感。

（3）自然卷发质。这类发质本身细小弯曲，有的呈现自然卷花状态，俗称"自来卷"。不需要烫发，可以充分利用卷发的自然属性做出漂亮的发式。

（4）粗硬发质。这类发质难成卷，在发型设计上应尽量避免复杂，适宜半长、内扣的发式。

（5）稀少头发。这类发质缺少弹性，比较服帖。可以用小号发卷卷烫头发，梳理定型。

四、发式与职业的协调

发式是一个人文化修养、社会地位、精神面貌的综合反映，职业是发式设计的重要参考因素。作为职业女性，发式要清秀典雅，体现出持重、干练、成熟的特征；男性不宜留鬓角、发帘，且头发不宜长过7厘米，即前不覆额、侧不遮耳、后不及领。

（1）运动员和体育爱好者。头发宜短，线条简单流畅，易于梳理。

（2）公关人员及交际活动繁忙人士。这些人员社会活动较多，可留长发，变换发式。

（3）教师、机关工作人员。要求线条简单、自然大方、端庄朴实。

（4）服务人员。干净利落、简单明了的发式。

（5）文艺工作者。时尚靓丽、突出个性，富有艺术气息。

五、发色与肤色、发式、妆容及服饰的搭配

（1）与黑头发搭配。

肤色：任何肤色。

发式：自然妆容，浅冷色系或端庄的正红色系。

服饰：沉稳的深灰色系、典雅的蓝色系列和酒红色等。

（2）与深棕色头发搭配。

肤色：任何肤色，肤色白皙者尤佳。

发式：淑女式的直发或微卷的长发、大方的齐耳短发。

妆容：自然妆容，冷暖色系皆宜，尤其适宜雅致的灰色系。

服饰：经典的黑色与白色、优雅的紫色、大方的藏青色和米色系等。

（3）与浅棕色头发的搭配。

肤色：白皙或麦芽肤色、古铜色者均可。

发式：清爽而有动感的短发、亮丽的大波浪长卷发。

妆容：冷暖色系皆宜，建议尝试清爽明快的水果色系的妆容。

服饰：清新的浅黄色、浅蓝色、浅绿色，亮丽的银色与橙色。

（4）与铜金色头发的搭配。

肤色：白皙或麦芽色，也很适宜肤色微黑的女士。

发式：时尚造型的短发、有层次的齐肩直发。

妆容：冷暖色系皆宜，建议尝试透明妆或水果色系。

服饰：纯度高的黑色或白色、红色与黑色，明丽的金色与橙色、天蓝色。

（5）与红色头发的搭配。

肤色：自然肤色或白皙皮肤，非常适合肤色偏黄的女士。

发式：有活力的短发、中长直发或卷发均可。

妆容：暖色调的妆容，金色系、红色系、棕色系等较浓郁的色彩。

服饰：黑色、白色、灰色经典色，热情的火红色、浓郁的深咖啡色与红棕色。

【情境演练】

设计、梳理发式

一、课前准备

教师通知学生把自己的头发梳理好，模拟面试求职。

二、活动的目的

让学生身临其境地体会仪容设计的重要性，通过自评和他评学会选择适合自己的发式。

三、活动步骤

1. 全班分成若干组，小组成员之间互评。
2. 填写评价结果。

序号	评价要素	小组评定结果					
1	脸型与发式	优秀		良好		及格	
2	季节与发式	优秀		良好		及格	
3	饰物与发式	优秀		良好		及格	
4	洁净与发式	优秀		良好		及格	
5	发式禁忌	将犯忌的现象描述出来，防止以后出现：					

【情境延伸】

头发健康小测试

光泽度测试

操作方法：中分清洁后的头发，梳平梳顺。在正对面放一面镜子，位置以自己能够清楚看到头顶为准。使灯光从头顶射下来，形成一个皇冠似的圆晕。

推断：圆晕越亮，头发光泽度越好。

顺滑测试

操作方法：用梳子从上到下梳理头发。握住一把头发的末梢，用力搓揉它们，然后看其末梢处是否开岔和断裂。

推断：如果梳子总在相同的地方被阻滞，那这个地方的头发就是最脆弱、最干燥的。头发末梢开岔断裂是导致头发脆弱的开始，必须及时加以控制、治疗。

做好以下几点，让你的头发健康柔顺

1. 洗发润发

洗发不要用太烫或太凉的水，同时洗发膏最好选择含有丰富营养成分的，这样我们就可以通过洗发把失去的水分和营养补回来。

小贴士：洗发膏不建议洗发和润发二合一，尽量让洗发膏和护发素分开使用。

2. 自然干发

洗发后可先用大毛巾的一面把头发上全部水分擦干，再用另一面将后脑部擦干，然后再利用自然微风，使头发完全干燥。

小贴士：为使头发快速自然晾干，擦头发的毛巾可以使用吸水效果好的人造鹿皮毛巾或超细纤维吸水毛巾。

一头柔顺的长发可谓是女神的标配。为什么别人的头发可以又黑又柔顺，但我的头发却干燥如枯草？那是因为你滋补头发的方式不对。想要头发足够柔顺，接着往下看。

3. 食补养发

内火旺的人头发容易干枯、开叉。所以，我们可以通过食疗来滋阴养发，经常喝银耳汤，多吃梨，少吃油炸、烘烤和辛辣的食物就可以清火养发。

4. 早睡养发

人只有使血气充盈头发才能变得柔顺有光泽。要知道，肝脏是人体的造血器官，中医理论认为每晚 11 点前人必须静卧睡眠，肝脏才能排毒，否则影响肝脏正常运转，会导致气血不畅、头发干枯、掉头发等现象。因此，早睡早起也有利于头发柔顺。

模块三　仪表美的塑造

【知识目标】

　　◇认识外在形象在职业形象塑造中的重要意义
　　◇认识仪表美与职业形象的关系
　　◇认识外在形象管理的方法

【能力目标】

　　◇掌握职场人士应该具备的仪表规范
　　◇掌握外在形象管理的方法

【素质目标】

　　◇培养鉴赏美、塑造美的美感态度

　　这里所说的仪表美的塑造，主要是从职业人士的着装方面来要求的。

　　服饰作为一种世界性的语言，一旦与某种生活阅历、审美情趣或者特定情境及感觉发生奇异的碰撞，便被赋予了难以衡量的价值，成为一种耐人寻味的表达。

　　夏耐尔曾说："当你穿的邋邋遢遢时，人们注意的是你的衣服；当你穿的无懈可击时，人们注意的是你。"可见服饰对于一个人的重要性。心理学家曾做过一个有趣的实验，把10张小姑娘的照片给受试者看，其中8人容貌服饰较好，另两位姑娘长相较差，衣服也破旧，心理学家告诉受试者，其中一人是小偷，结果，有80%的受试者认为后者是小偷。这说明人们总是喜欢那些看上去令人感觉舒适、有美感的人。美好的长相、匀称挺拔的身材、美观大方的服饰均能增添人的仪表魅力，给人以舒服、美好的感觉。人天生的长相、身材长短难以变更，而服饰却是可以变化的。整洁美观的服饰是人们用以改变自己或烘托自己最好的、使用最频繁的"武器"，因此我们要学会运用这一武器来"武装"自己。

　　俗话说："佛靠金装，人靠衣装。""衣"在人们日常生活的"衣食住行"中居于首要地位，具有非同寻常的作用。从某种意义上说，服饰是人形体的外延，服饰犹如人的第二皮肤，与人们的生活息息相关。一个人如何着装，反映着他的精神面貌、文化素质和审美水平，是懂不懂礼节的一个重要表现。

　　服饰在塑造美的形象上能变缺憾为完美，是个人形象的外包装，是塑造个人形象的重要手段。没有端庄、大方、典雅的服饰，就不会有良好的形象与风度。仪表堂堂、风度翩翩，虽然离不开先天的遗传，但更少不了后天的修饰与点缀。服饰可以弥补人的缺陷和不足，使其外在形象得以美化；服饰也能影响人的心理状态，体现人的能力与地位，使其内在涵养得以升华。

服饰美并不是指穿戴要高档，打扮要时尚，而是讲着装要得体、大方，并与所参加的活动的时间、地点、场合相协调，与本人的年龄、性别、肤色、体型相适应，与职业身份、角色、地位相吻合，这是职场人士在工作中塑造和维护自身形象的基础。职场人士着装总的要求是整洁、素雅、美观、大方。服饰是一种无声的语言，它虽是外在的，但得体的服饰不仅能体现个人的文化修养、审美情趣、气质品位与工作态度，还有助于维护所在组织的整体形象。

服饰，一般包括服装及其附件，服饰既可用来蔽体御寒，同时也是一种文化，能够反映一个国家、一个民族的经济水平、文化素养、精神与物质文明发展的程度。服饰还是一种"语言"，它能表达一个人的社会地位、文化品位、审美意识及生活态度等。在社交生活中，由群体形成的特定气氛既是服饰美的存在环境，又是验证服饰美的依据。比如，在会议室里，大家都穿着西装和中山服，而你却穿着睡衣出现在这里，即使你的睡衣再漂亮，也是不适合的。因此，在社交活动中应当注意着装，应根据自身的特点及特定场合的需要，选择得体的服装，表现和谐的美。同样一件衣服，两个不同的人同时穿着会出现迥然不同的效果，服饰有时会影响人的一生。例如，哈特本来是美国总统竞选中强有力的竞争者，但是由于他常常穿着一条"红裤子"，使得他失去了很多选民。一条"红裤子"如果穿在普通人身上会显得很漂亮，但穿在哈特身上，大家心理就不安了。以上例子说明，服饰美不仅包含服饰本身功能的含义，而且包含着审美的意义，以及感性的创造内容。爱美之心，人皆有之，尤其是风华正茂的青年男女，谁都希望把自己打扮得漂漂亮亮的。漂亮不仅是给自己看的，更能在和别人的交往中展示自己的气质、风度等，给人以赏心悦目之感，那么，怎样才能取得较好的交际效果呢？这要根据具体情形而定，但最主要的是要做到协调，即服装的色彩、款式等要和体型、身份、季节、年龄、活动场合等相协调。

情境一　着装原则

TPO 是英文 Time Place Object 三个词首字母的缩写。T 代表时间、季节、时令、时代；P 代表地点、场合、职位；O 代表目的、对象。着装的 TPO 原则是世界通行的着装打扮的最基本的原则。它要求人们的服饰应力求和谐，以和谐为美。着装要与时间、季节相吻合，符合时令；要与所处的场合，与不同国家、区域、民族的不同习俗相吻合；符合着装人的身份；要根据不同的交往目的，交往对象选择服饰，给人留下良好的印象。具体说来，应该遵循以下原则：

一、时间原则

服饰的时间原则，一般包含三个含义。第一个含义是指每天的早上、日间和晚上三段时间的变化；第二个含义是指每年的春、夏、秋、冬四季的不同；第三个含义是指时代间的差异。通常来讲，早上、日间的户外活动居多，穿着可相对随便；而晚间的宴请、听音乐、看演出、赴舞会等一般则比较正规，并且由于空间的相对缩小和人们的心理作用，晚间活动的服饰被给予了更多的关注和重视，礼仪的要求相对也更严格。除了一天的时间变化外，还应考虑到一年四季不同气候的变化对着装心理和生理的影响。夏天的服饰应以简洁、凉爽、大方为主，拖沓累赘的装饰会使周围的人产生闷热烦躁的感觉，自己也会因为汗水渍渍而显得局促不安。尤其是女性，汗水还会损坏面部的妆容。冬天的服饰应以保暖、轻快、简练为主，穿着单薄会使人因寒冷而面色发青、嘴唇发乌，甚至本能地缩肩佝背，以致无俊美可言。还有就是要顺应时代的潮流和节奏，过分复古（落伍）或过分新奇（超前）都会令人不适，与公众心理距离拉大。60年代的西装革履、涂脂抹粉与90年代的补丁夹袄会让人感觉不协调，说明穿着打扮始终不能脱开时代的圈界。

二、环境原则

是指在不同的工作环境、不同的社交场面，着装要有所不同。

（一）与环境协调

（1）办公室。在办公室坐的时间比较长，起坐也比较频繁，衣服容易起皱，因此最好穿防皱的、具有良好悬垂感和还原性的衣服。服装款式以端庄、大方、稳重、高雅的裙装或裤装为主。裙装比较优雅，比较有女人味，行动方便。选择裙装时，要注意裙子的长度，标准的长度是由腿形和膝盖的匀称好看与否决定的。一般来说裙摆及开衩都不应高于膝盖2厘米。裤装显得优雅成熟，干净利落，英气逼人，可以选择宽松的，也可以是西式的。质地要挺括，熨烫线条要明显，裤长应能盖住鞋，办公室内着装的色彩不能太艳，否则会影响他人的注意力。

（2）外出公务。服装款式应得体，不要太紧身，也不宜过分宽松，舒适大方正好，让自己行动方便，舒适自如。服装的质地要求飘逸或挺括，使人在站立时保持浑然一体的魅力。穿舒适的鞋子。

（3）休闲运动。休闲装扮。

（4）交际应酬。大方华贵，宜穿礼服。

（二）与场合协调

所谓穿着要注意场合，是说要根据不同场合来进行着装。英国女王伊丽莎白二世访问中国走出机舱门时第一个亮相，穿的是正黄色西服套裙，戴正黄色帽子。这位女王本人喜欢红色和天蓝色，很少穿黄色衣服。但在中国几千年的历史上，黄色是皇帝的专用色。

女王来中国访问穿正黄色，既表示尊重中国的传统习俗，又显示了她作为一国君主的高贵身份。

社交中，不同场合有不同的着装要求。

1. 喜庆场合（婚礼、生日、舞会、聚会、晚会）

（1）色彩要合适。男性以深色为宜，单色、条纹、暗格；女性宜穿浅色连衣裙或套裙。

（2）款式要得当。正式场合可严谨一点，其他场合可潇洒一点。

2. 庄重场合（正式宴请、庆典仪式、会见外宾）

（1）按规矩着装。男性以中山装、西装、民族装为主；女性以套装晚礼装、长裙、旗袍为主。

（2）按规矩着装。男士西装应配衬衣、领带、领带夹、皮鞋；女士应配皮鞋或皮凉鞋，后者要配长筒丝袜。

3. 悲伤场合（遗体告别、送葬）

应穿素色服装，黑色尤佳，忌大红大绿。鞋子也应为暗色调，饰物应以素色为主。

郑伟是一家大型国有企业的总经理。有一次，他获悉有一家著名的德国企业的董事长正在本市进行访问，并有寻求合作伙伴的意向。于是他想尽办法，请有关部门为双方牵线搭桥。让郑总经理欣喜若狂的是，对方也有兴趣同他的企业进行合作，而且希望尽快与他见面。到了双方会面的那一天，郑总经理对自己的形象刻意地进行了一番修饰，他根据自己对时尚的理解，上穿夹克衫，下穿牛仔裤，头戴棒球帽，足蹬旅游鞋。无疑，他希望自己能给对方留下精明强干、时尚新潮的印象。

然而事与愿违，郑总经理自我感觉良好的这一身时髦的"行头"，却偏偏坏了他的大事。根据惯例，在涉外交往中，每个人都必须时时刻刻注意自己的形象，特别要注意在正式场合留给初次见面的外国友人的第一形象。郑总经理与德方同行的第一次见面属国际交往中的正式场合，应穿西服或传统中山服，以示对德方的尊敬。但他没有这样做，正如他的德方同行所认为的：此人着装随意，个人形象不合常规，给人的感觉是过于前卫，尚欠沉稳，与之合作之事当再作他议。

三、个性原则

这里有两层含义：穿着对象和交际对象。也就是说，你的穿着既要适合自己，能表现自己的个性风格，又要适应别人，与你的交际对象保持协调一致。

着装，还受容貌肤色、年龄、职业、性格等多种因素的影响。

另外，在一些重大的社交场合。你的穿着在表现自我的同时，还必须与他人保持一致。列夫·托尔泰《安娜·卡列尼娜》有这样一段情节：在安娜和渥伦斯基相识的舞会上，安娜穿着全黑的天鹅长裙，长裙上镶威尼斯花边，闪亮的边饰把黑色点缀得既美丽安详，又神秘幽深，这同安娜那张富有个性的脸庞十分相称，当安娜出现在舞会的门口，便吸引了在场所有人的视线，吉蒂看到安娜的装束后，也强烈地感受到安娜比自己美。安娜的黑色长裙在轻淡柔曼的裙海中显得高贵典雅、与众不同，这与安娜藐视世俗的个性融为一体。又如一位性格活泼的姑娘，身穿裘皮大衣在路边与他人手舞足蹈地高声谈笑，让人看了很不舒服，尽管裘皮大衣高雅华贵，但与姑娘的性格极不相称，给人一种"张扬、毛躁"的感觉。

情境二　服饰与体型

一、人的体型

理想体型的标准是：躯干挺直，身体各部分骨骼均匀。男性肌肉发达，体型呈"T"字形，女性肌肉平滑，体型呈"X"。

理想体型的人体各部分比例均符合达·芬奇的"黄金分割"比率：头长为全身高度的一般地 1/6，肩宽为身长的 1/4，跪时身长减少 1/4，卧时身长减少 1/10，两腋宽度与臀宽相等，大腿正面宽等于脸宽，两眼之间距离等于一只眼长，耳朵长等于鼻子长，乳峰与肩胛骨在同一水平线上。

胖瘦的标准适宜用国际上公认的方法来衡量：

体重指数（BMI）＝体重（公斤）/身高×身高（平方米）

体重指数与胖瘦关系的对照表

组别	BMI
O（正常）	20.0－24.9
I（1度肥胖）	25.0－29.9
II（2度肥胖）	30.0－40.0
III（3度肥胖）	>40.0

体型与服饰搭配的原则：理想的身材比例是八头身，体型完美者穿着须多考虑肤色、气质、身份、场合的需要。但依东方人的体型来看，符合这个标准的并不多，所以可借助对服装线条、色彩、质料、款式等的运用，使穿着体型呈适当比例。以下就分别说明以适当服饰来修饰体型的原则。

矮胖型：矮胖体型的人，肩部和臀部宽大，给人浑圆的感觉，故修饰重点为减少宽度感，增加高度感。选择服饰的重点为：

线条：适合直线、斜线、不明显花纹；不适宜间隔宽大的横条、复杂的线条、拼图案。

质料：适宜稍厚、质朴的衣料；不宜厚重的、贴身的、有光泽的衣料。

色彩：适宜低明度或同色系配色；不宜高明度或强烈对比配色。

款式：女性适宜垂直线剪裁的连衣裙、背心裙、V字领、U型领、高腰长裤或裙子、细长的袖子等；不宜穿着大袖子、泡泡袖，太长或太短的裙子，短上衣、短夹克等。男性宜穿直线型的西装，西装的领子、肩部不宜宽，背带式的长裤；不适宜穿着有腰线的衣服。

高胖型：高胖体型的人，给人较笨重的感觉，故修饰重点为避免凸现身材的庞大，强调其高度感，减弱宽度感。选择服饰的重点为：

线条：适合垂直线、简洁的线条、细横条纹；不宜格子布、过于庞大的花样。

质料：适宜稍厚、质朴的衣料；不宜薄软、有光泽的衣料。

色彩：适宜深色系或同色系。

款式：女性适宜穿着近乎垂直的公主线连裙装，较细长的袖子；不宜穿着太合身或强调腰身的衣服。男性宜穿着两颗纽扣的单排或四颗纽扣的双排扣西装。

高瘦型：高瘦体型的人，给人单薄的感觉，修饰的重点是使身材看起来丰腴些。选择服饰的重点为：

线条：适合水平线、分割明显的线条、间隔宽大的粗线条纹，格子花布或花纹明显者。

质料：适宜稍挺的衣料；不宜选择太薄、贴身的衣料

色彩：适宜有鲜明对比的配色，暖色系的浅色。

款式：女性适宜穿着上下分开的套装，百褶裙、蓬裙、大领子，或降低腰线接打细褶的连裙装。男性宜穿着宽领宽肩的双排扣或三件套西服。

矮瘦型：矮瘦型的人，给人一种弱不禁风的感觉，故修饰重点为增加高度感并使上半身看起来轻盈些。选择服饰的重点为：

线条：适合垂直线、垂直线较水平线明显的格子布、细横条纹、小花纹；不宜大花样。

质料：适宜稍挺的衣料；不宜厚重、贴身、透明的衣料。

色彩：高明度、高彩度或柔和的色调；不宜对比色调。

款式：女性适宜穿较高的领口、较窄的领子、有公主线的连裙装，高腰长裤及裙子；不宜穿低深的领口、太长的上衣或裙子。男性适宜穿着高领衬衫，上装有口袋修饰，窄管长裤；不宜穿着太宽松的衣服，裤脚反折的长裤。

其他体型。对于体型某部分不合理想的情况，如腰粗者宜选择肩较宽的上衣，女士不宜穿腰间有装饰的裙裤，不宜把衬衫扎进去。腿短者着上衣较短、裤稍长的衣服比较合适。腿粗者宜穿上下同宽的深色直筒裤，过膝的直筒裙，不宜穿太紧的裤子、太短的裙子。颈长者宜穿衣领较高的服装；颈短者则应穿无领或低领的服装。总之，宜尽量淡化缺点或不足，用穿着来修饰不足之处。

二、面料与体型

（一）服装面料

棉布：各类棉纺织品的总称。多用来制作时装、休闲装、内衣和衬衫。

麻布：用大麻、亚麻、黄麻、剑麻等各种麻类植物纤维制成的布料。一般用来制作休闲装、工作装、普通的夏装。

丝绸：以蚕丝为原料纺织成的各种丝织物的统称。可被用来制作各种服装，尤其是用来制作女士服装。

呢绒：又叫毛料，是用各类羊毛、羊绒织成的织物。通常适用于制作礼服、西装、大衣等正规、高档的服装。

皮革：动物毛皮制成的面料。多用于制作时装、女装。革皮（经过去毛处理的皮革）和裘皮（处理过的连皮带毛的皮革）。

化纤：化学纤维的简称，是以高分子化合物为原料制成的纤维纺织品。

混纺：将天然纤维和化学纤维按照一定的比例混合纺织而成的织物。可用来制作各种服装。

（二）面料与体型

粗呢、厚毛料、宽条绒，会增加笨重感，胖人不宜选用。

绸缎和发亮的化纤面料，丰满者和胖人不宜选用。

硬挺的料子使瘦人看上去较丰满。

稀有的羊绒毛料、棉织品、精纺羊毛衫，适合大部分体型。

过于薄、透的面料对各种体型都不适宜。

大花面料有扩张效果，使瘦人丰满，胖人更胖；小花面料使丰满人看起来苗条，苗条者更苗条。

花裙配素色上衣，适合女士腿型不美者；花衣配素色裙子，适合上身不美之女士。

情境三　服装的色彩

色彩，是服装留给人们记忆最深的印象之一，而且在很大程度上也是服装穿着成败的关键所在。色彩对他人的刺激最快速、最强烈、最深刻，所以被称为"服装之第一可视物"。

对一般人而言，在服装的色彩上要想获得成功，最重要的是要掌握色彩的特性、色彩的搭配，以及正装色彩的选择这三个方面。

一、色彩的特性

从色彩的功能上看，它具有以下基本特性：

（1）色彩的冷暖（色相），每种色彩都有区别于其他色彩的独特的相貌特征，即色相。色彩因色相不同，会给人温暖或寒冷的感觉。使人有温暖、热烈、兴奋之感的色彩，叫暖色，如黄色、红色；使人有寒冷、抑制、平静之感的色彩，叫冷色，如蓝色、银色。

（2）色彩的轻重（明度），色彩明暗变化的程度，称为明度。不同明度的色彩，往往给人以轻重不同的感觉。色彩越浅，明度就越强，使人有上升感、轻感；色彩越深，明度就越弱，使人有下垂感、重感。

（3）色彩的软硬（纯度），色彩鲜艳明亮的程度，叫纯度。色彩纯度越高，就越鲜艳、纯粹，给人软的感觉；色彩纯度越低，就越深、暗，给人硬的感觉。

（4）色彩的缩扩，色彩的波长不同，会给人收缩或扩张的不同感觉。一般来说，冷色、深色属收缩色；暖色、浅色为扩张色，给人膨胀感。前者使人苗条，后者使人丰满。

不同的色彩所包含的意义也是不同的，在选择色彩时应该注意是否与个人的气质相符。

红：活跃、热情、勇敢、爱情、健康、野蛮；
橙：富饶、充实、未来、友爱、豪爽、积极；
黄：智慧、光荣、忠诚、希望、喜悦、光明；
绿：公平、自然、和平、幸福、理智、幼稚；
蓝：自信、永恒、真理、真实、沉默、冷静；
紫：权威、尊敬、高贵、优雅、信仰、孤独；
黑：神秘、寂寞、黑暗、压力、严肃、气势；
白：神圣、纯洁、无私、朴素、平安、诚实。

二、色彩的搭配

有些人总认为色彩堆砌越多，越"丰富多彩"。集五色于一身，镶金挂银，其实效果并不好。服饰的美不美，不在于价格的高低，关键在于配饰得体，适合年龄、身份、季节及所处的环境，更重要的是全身色调要保持一致，取得和谐的整体效果。"色不在多，和谐则美"，正确的配色方法，应该是选择一两个系列的颜色，以此为主色调，占据服饰的大面积，其他少量的颜色为辅，作为对比，衬托或用来点缀装饰重点部位，如衣领、腰带、丝巾等，以取得多样统一的和谐效果。总的来说，服装的色彩搭配分为三大类：

（一）强烈色配合

指两个相隔较远的颜色相配，如黄色与紫色，红色与青绿色，这种配色比较强烈。

日常生活中，我们常看到的是黑、白、灰与其他颜色的搭配。黑、白、灰为无色系，无论它们与哪种颜色搭配，都不会出现大的问题。一般来说，如果同一个色与白色搭配时，会显得明亮；与黑色搭配时就显得昏暗。因此，在进行服饰色彩搭配时应先衡量一下，你是为了突出哪个部分的衣饰。不要把沉着色彩，如深褐色、深紫色与黑色搭配，这样会和黑色呈现"抢色"的后果，令整套服装没有重点，而且服装的整体表现也会显得很沉重、昏暗无色。

黑色与黄色是最抢眼的搭配，红色和黑色的搭配，隆重却不失韵味。

（二）补色配合

指两个相对的颜色的配合，如红与绿，青与橙，黑与白等，补色相配能形成鲜明的对比，有时会收到很好的效果。

黑白搭配是永远的经典。

（三）协调色搭配

协调色搭配又可分为两种。同类色搭配原则：指深浅、明暗不同的两种同一类颜色相配，比如青配天蓝，墨绿配浅绿，咖啡配米色，深红配浅红等，同类色配合的服装显得柔和文雅。

近似色相配：指两个比较接近的颜色相配，如红色与橙红或紫红相配，黄色与草绿色或橙黄色相配等。不是每个人穿绿色都能穿得好看的，绿色和嫩黄的搭配，给人一种很春天的感觉，整体感觉非常素雅。

三、正装的色彩

非正式场合所穿的便装，色彩上要求不高，往往可以听任自便，而正式场合穿的服装，其色彩却要多加注意。总体上要求正装色彩应当以少为宜，最好将其控制在三种色彩之内。同时以成稳色为宜，切忌将自己打扮成"圣诞树"。

情境四　职业女装着装要求

现代职业女性在衣着打扮上必须十分注重服装与自己所从事职业的协调，要能体现职业女性的气质。职业女性穿着打扮的原则和要求是：一要端正稳重；二要表现出进取之意，尽可能添置质优的裙式套装；三要符合组织上的期望，在个性表现与群体合作上求得平衡；四要选典雅的服装。

一、职业女装的色彩搭配

职业女性穿着职业女装活动的场所是办公室，低彩度可使在其中工作的人专心致志、平心静气地处理各种问题，营造沉静的气氛。职业女装穿着的环境多在室内、有限的空间里，人们总希望获得更多的私人空间，穿着低纯度的色彩会增加人与人之间的距离，减少拥挤感。

纯度低的颜色更容易与其他颜色相互协调，这使得人与人之间增加了和谐亲切之感，从而有助于形成协同合作的格局。另外，可以利用低纯度色彩易于搭配的特点，将有限的衣物搭配出丰富的组合。同时，低纯度给人以谦逊、宽容、成熟感，借用这种色彩语言，职业女性更易受到他人的重视和信赖。

（一）白色的搭配原则

白色可与任何颜色搭配，但要搭配得巧妙则需费一番心思。

白色下装配带条纹的淡黄色上衣，是柔和色的最佳组合；下身着象牙白长裤，上身穿淡紫色西装，配以纯白色衬衣，不失为一种成功的配色，可充分显示自我个性；象牙白长裤与淡色休闲衫配穿，也是一种成功的组合；白色褶折裙配淡粉红色毛衣，给人以温柔飘逸的感觉。红白搭配是大胆的结合。上身着白色休闲衫，下身穿红色窄裙，显得热情潇洒。在强烈对比下，白色的分量越重，看起来越柔和。

（二）蓝色的搭配原则

在所有颜色中，蓝色服装最容易与其他颜色搭配。不管是近似于黑色的蓝色还是深蓝色，都比较容易搭配，而且蓝色具有紧缩身材的效果，极富魅力。

生动的蓝色搭配红色，使人显得妩媚、俏丽，但要注意比例适当。

近似黑色的蓝色合体外套，配白衬衣，再系上领结，出席一些正式场合会使人显得神秘且不失浪漫。曲线鲜明的蓝色外套和及膝的蓝色裙子搭配，再以白衬衣、白袜子、白鞋点缀，会透出一种轻盈的妩媚气息。

上身穿蓝色外套和蓝色背心，下身配细条纹灰色长裤，呈现出一派素雅的风格。流行的细条纹和蓝灰之间的强烈对比，可增添优雅的气质。

蓝色外套配灰色褶裙，是一种略显保守的组合，但若给这种组合再配以葡萄酒色衬衫的话，则能显露出自我个性，从而使人变得明快起来。

蓝色与淡紫色搭配，给人一种微妙的感觉。蓝色长裙配白衬衫是一种非常普通的打扮。如能穿上一件高雅的淡紫色的小外套，便会平添几分成熟的都市味儿。上身穿淡紫色毛衣，下身配深蓝色窄裙，即使没有花俏的图案，也可在自然之中流露出成熟的韵味儿。

（三）褐色搭配原则

褐色与白色搭配，给人一种清纯的感觉。金褐色及膝圆裙与大领衬衫搭配，可体现短裙的魅力，增添优雅气息。选用保守素雅的栗子色面料做外套，配以红色毛衣、红色围巾，鲜明生动，俏丽无比。

褐色毛衣配褐色格子长裤，可体现雅致和成熟。褐色厚毛衣配褐色棉布裙，通过二者的质感差异，能够表现出穿着者的特有个性。

（四）黑色的搭配原则

黑色是百搭百配的色彩，无论与什么色彩放在一起，都别有一番风情。

（五）米色搭配原则

用米色穿出一丝严谨的味道来也不难。一件浅米色的高领短袖毛衫配上一条黑色的精致西裤，穿上闪着光泽的黑色的中跟鞋子，这会将一位职业女性的专业感觉烘托得恰到好处。如果想要给人一种干练、强势的感觉，那就选择一套黑色条纹的精致西装套裙，配上一款米色的高档手袋，这样既有白领风范又不失女性优雅。

现如今的时尚中，米色因其简约与富于知性美而成为职场着装的常青色。与白色相比，米色多了几分暖意与典雅，不事夸张；与黑色相比，米色纯洁柔和，不会过于凝重。在追求简单抛却繁复的时尚潮流中，米色以纯净典雅的气息与严谨的现代职场氛围相吻合。

二、职业女装的基本类型

职业女装有三种类型：西服套裙、夹克衫或不成型的上衣，以及连衣裙或两件套裙。

在这三种类型中，每一种都要考虑颜色和面料。西服套裙是女性标准的职业着装，可塑造出强有力的形象。

单排扣上衣可以不系扣，双排扣的则应一直系着（包括内侧的纽扣）。穿单色的套裙能使身材显得瘦高一些。套裙分两种：配套的，其上衣和裙子同色同料；不配套的，其上衣与裙子存在差异。

颜色的选择：职业套裙的最佳颜色是黑色、藏青色、灰褐色、灰色和暗红色。精致的方格、印花和条纹也可以接受。买红色、黄色或淡紫色的两件套裙时要小心，因为它们的颜色过于抢眼。

衬衫：衬衫的颜色可以是多种多样的，只要与套装相匹配就可以了。白色、黄白色和米色与大多数套装都能搭配。丝绸是最好的衬衫面料，但是干洗起来可能会贵一些。另一种选择是纯棉质的面料，这须保证浆过并熨烫平整。

内衣：确保内衣要合身，身体曲线流畅，既要穿得合适，又要注意内衣颜色不要外泄。

围巾：选择围巾时要注意其颜色应包含有套裙的颜色。围巾选择丝绸质地的为好，其他质地的围巾打结或系起来没有那么好看。

袜子：女士穿裙子应当配长筒丝袜或连裤袜，颜色以肉色、黑色最为常用，肉色长筒丝袜配长裙、旗袍最得体。女士袜子一定要大小相宜，太大时就会往下掉，或者显得一高一低。尤其要注意，女士不能在公众场合整理自己的长筒袜，而且袜口不能露在裙摆外边。不要穿带图案的袜子，因为它会惹人注意你的腿部。应随身携带一双备用的透明丝袜，以防袜子拉丝或跳丝。

鞋：传统的皮鞋是最畅销的职业用鞋。它们穿着舒适，又美观大方。建议鞋跟高度以三至四厘米为主。正式的场合不要穿凉鞋、后跟用带系住的女鞋或露脚趾的鞋。鞋的颜色应与衣服下摆一致或再深一些。衣服从下摆开始到鞋的颜色一致，可以使大多数人显得高一些。如果鞋是另一种颜色，人们的目光就会被吸引到脚上。推荐穿中性颜色的鞋，如黑色、藏青色、暗红色、灰色或灰褐色。不要穿红色、粉红色、玫瑰红色和黄色的鞋。即使在夏天，穿白鞋也带有社交而非商务的意义。

手提包和手提箱：手提包和手提箱最好是皮革的；手提包上不要有设计者标签。女性的手提箱可以有硬衬，也可以用软衬。最实用的颜色是黑色、棕色和暗红色。钱包的颜色应与鞋相配，而手提箱则不必。

三、职业女性要注意的穿衣误区

（1）过分的时髦。比如鲜艳的指甲油给人一种厌恶感。一个成功的职业女性对于流行的选择必须具有正确的判断力，同时要切记，在办公室，主要表现的是工作能力而非追求时髦的能力。

（2）过分暴露型。夏天，许多女性秘书不够注意自己的身份，穿的衣服很性感。最好不要这样，否则你的才能可能会因此被忽略，甚至你会被认为很轻浮。

（3）过分正式型。没找着适合的服装。

（4）过分潇洒型。典型的是一件随随便便的 T 恤罩衫，配一条泛白的"破"牛仔裤，丝毫没有严肃性。

（5）过分可爱型。给人幼稚、不稳重的感觉。

情境五　男士西服穿着方法

西装产生于欧洲，已有 150 年的历史，清朝末年传入我国。西装造型优美，做工考究。合体的西装，能体现男士潇洒的风度及女士的优雅端庄。西装在男人的衣柜里是不可缺少的行头。每个男人至少应有三套西装，即浅色单排双纽扣的、深色三纽扣的和深色双排扣的。

一、西装的款式

按西装的件数划分为三种。两件套（上装和下装），三件套（上装、下装、西装背心）；单件西装；

按西装的纽扣划分为两种。单排扣西装（1粒、2粒、3粒）；双排扣西装（2粒、4粒、6粒）。（注：单排扣2粒和双排扣4粒最为正规，较多用于隆重、正式的场合。）

按适用场合不同划分为正装西装和休闲西装。

二、西装的衬衫

与西装配套的衬衫应为"正装衬衫"。一般来讲，正装衬衫具有以下特征：

（一）面　　料

应为高织精纺的纯棉、纯毛面料，或以棉、毛为主要成分的混纺衬衫。条绒布、水洗布、化纤布、真丝、纯麻皆不宜选。

（二）颜　　色

必须为单一色。白色为首选，蓝色、灰色、棕色、黑色亦可；杂色、过于艳丽的颜色（如红、粉、紫、绿、黄、橙等色）有失庄重，不宜选。

（三）图　　案

以无图案为最佳，有较细竖条纹的衬衫有时候在商务交往中也可以选择，但应禁止穿竖条纹的西装。

（四）领　　型

以方领为宜，扣领、立领、翼领、异色领不宜选。衬衫的质地有软质和硬质之分，穿西装要配硬质衬衫。尤其是衬衫的领头要硬实挺括，要干净，不能太软，或是油迹斑斑，否则再好的西装也会被糟蹋。

（五）衣　　袖

正装衬衫应为长袖衬衫。应避免在西服正装里穿短袖衬衫。

（六）穿法讲究

（1）衣扣。衬衫的第一粒纽扣，穿西装打领带时一定要系好，否则松松垮垮，给人极不正规的感觉。相反，不打领带时一定要解开，否则给人忘记打领带的感觉。再有，打领带时衬衫袖口的扣子一定要系好，而且绝对不能把袖口挽起来。

（2）袖长。衬衫的袖口一般以露出西装袖口外1.5厘米为宜。这样既美观又干净，但要注意衬衫袖口不要露出太长，那样就是过犹不及了。

（3）下摆。衬衫的下摆不可过长，而且下摆要塞到裤子里。我们经常见到某些服务行业的女员工，穿着统一的制式衬衫，系着领结，衬衫的下摆却没有塞到裤裙中去，给人一种不伦不类、很不正规的感觉。

（4）不穿西装外套只穿衬衫打领带仅限室内，正式场合是不允许的。

三、领　　带

领带是男士在正式场合必备的服装配件之一，是男西装的重要装饰品，对西装起着画龙点睛的重要作用。所以，领带通常被称作"男子服饰的灵魂"。

穿正规西服，再系一条漂亮的领带，既美观大方，又给人以典雅庄重之感，然而象征着文明的领带，却是从不文明中演变而来的。最早的领带，可以追溯到古罗马帝国时期。那时的战士胸前都系着领巾，那是用来擦拭战刀的擦刀布，在战斗时把战刀往领巾上一拖，可以擦掉上面的血。因此，现代的领带大多用条纹型的花纹，起源就在于此。领带在英国经历了漫长而有趣的发展过程，英国原来是一个长期落后的国家，在中世纪，英国人以猪、牛、羊肉为主食，进食时不用刀叉或筷子，而是用手抓起一大块捧在嘴边啃。由于那时尚无刮胡子的工具，成年男子都蓄着乱蓬蓬的大胡子，进食时，弄脏了胡子就用衣袖去擦抹。妇女们经常要为男人洗这种沾满油垢的衣服。在不胜其烦之后，她们想出了一个对策，在男人的衣领下挂一块布，可随时用来揩嘴，同时在袖口上钉几块小石块，每当男人们再按老习惯用衣袖擦嘴时，就会被石块划伤。日久天长，英国的男人们改掉了以往不文明的行为，而挂在衣领下的布和缀在袖口的小石块自然也就成为英国男式上衣的附属物。后来，就演化为受人欢迎的装饰品——系在脖子上的领带和缀在袖口的纽扣，并逐渐成为世界流行的式样。

（一）领带面料的分类

一般大致可分为色织真丝领带、印花真丝领带、色织涤丝领带、印花涤丝领带（仿真丝）。随着新品的出现，现在也出现了一部分羊毛＋真丝、50%真丝＋50%涤丝的领带，但是这类花型没有常规面料领带多。那些所谓的南韩丝其实就是涤丝，这个只是国内有些商家的叫法，在外贸出口这块就是100%POLYESTER。

（二）领带的衬里分类

领带的衬里按成分大概可以分为4大类，涤丝衬、柚丝衬、羊毛衬、羊毛或者柚丝＋涤丝混纺。本来领带应该全是用涤丝衬的，经久耐用，也适合领带的特性。柚丝衬和羊毛衬基本上用于出口美国这一块，由于当时的配额制度，出口美国的领带必须用天然原料的柚丝衬、羊毛衬，手感比较软，这是柚丝衬、羊毛衬领带的特点，但是对于国内的消费者来说，其实还是涤丝衬的领带比较适合。柚丝衬、羊毛衬的领带能佩带的次数比较少，容易变形。因为美国的消费水平比中国的高，所以他们买领带一般都买一打，每条领带用的次数一般不会超过5次。

（三）领带原料的鉴别

真丝领带和涤丝领带由于后处理技术的提高，有些已经不能用手摸或者用肉眼看去区分了。一般区别这两种是用火烧的方法。可以在领带小头缝线里面翻出一点点面料来，用打火机烧下就清楚了，碰到火焰结成硬块的是涤丝，变成粉末的就是真丝了，这是比较简单也是比较普遍的方法。注意，只烧线头就可以，烧坏领带就不好了！

（四）内衬的区别

一般用眼看就可以，涤丝衬，基本呈白色。柚丝衬，一般为黑色或者暗黄色。羊毛衬，一般为黄色。如果还是不能区分的话，那么可以用区别领带面料的方法测试，原理是天然原料遇到火就变成碳了，所以天然的面料比较环保。

（五）搭配方式

衬衫和领带的搭配是一门学问，若搭配不妥，有可能破坏整体的感觉，如果搭配得巧妙，则能吸引众人的眼光，而且显得别出心裁。领带永远是起主导作用的，因为它是服装中最抢眼的部分。一般说，应该首先把注意力集中在领带与西服上衣的搭配上。以比较讲究的观点来看，上衣的颜色应该成为领带的基础色。

白色衬衫穿在每个男人身上都非常出色，适用于各场合，且不会过时，所以每个男人至少应该准备一件可换洗的白衬衫，它和各种活泼的颜色或花样大胆的领带搭配都不错。永恒的时尚搭配是白色或浅蓝色衬衫配单色或有明亮图案的领带，这是永不过时的搭配。

在服装搭配之道中，简单永远讨好。如果你对自己选择领带的品位不那么自信，就不要企图标新立异。要知道，多数男人对于图案的感觉都不怎么样。不仅如此，你永远不知道自己"与众不同"的品位可能会引起什么人的反感。衬衫与领带的搭配在某种程度上还反映着你为人处世老练的程度。

每位男士都应该至少有一件白色或浅蓝色的领部扣扣衬衫。在领带方面，至少有一条纯藏蓝色或葡萄酒红色的领带供白天使用，还应该有一条丝织提花领带或纯黑色领带以备参加正式晚宴时代替领花使用。

1. 领带与西装、衬衫的颜色搭配

从颜色搭配的角度讲，一般应注意以下几点：

（1）黑色西服，穿以白色为主的衬衫和浅色衬衫，配灰、蓝、绿等与衬衫颜色协调的领带。

（2）灰西服，可配灰、绿、黄和砖色领带，穿白色为主的淡色衬衫。

（3）暗蓝色西服，可以配蓝、胭脂红和橙黄色领带，穿白色和明亮蓝色的衬衫。

（4）蓝色西服，可以配暗蓝、灰、胭脂、黄和砖色领带，穿粉红、乳黄、银灰和明亮蓝色的衬衫。

（5）褐色西服，可以配暗褐、灰、绿和黄色领带，穿白、灰、银色和明亮的褐色衬衫。

（6）绿色西服，可以配黄色、褐色和砖色领带，穿明亮的银灰、蓝色、褐色和银灰色衬衫。

（7）在选择有多种颜色图案的领带时，要留意图案中哪一种颜色与衬衣或西装的颜色一样，颜色一致的话，效果便会锦上添花。

2. 领带与西装、衬衫的图案搭配

首先说明一下领带图案代表的含义：斜纹代表勇敢，方格代表热情，碎花代表体贴，垂直线代表安逸，横线显得平稳，波纹线代表活泼、跳跃，圆形代表饱满成熟。

从图案搭配的角度讲，领带配衬衣，只要掌握了几点原则就能省去很多的烦恼。同类型的图案不要相配，格子的西装不要配格子的衬衣和格子的领带。如果你穿了件暗格子的西装，配素色或条纹、花纹的衬衣和领带就很漂亮。格子衬衣配斜纹领带、直纹衬衣配方格图案的领带，虽然都是直线条，但却有纹路方向的变化，不会单调呆板。暗格图案的衬衣配花纹的领带。暗格在这里可当作素色处理，印花或花型图案的领带最好配素色的衬衣。如果配格子或线条的衬衣，多少都会令人眼花缭乱。

3. 领带与衬衫领口的搭配

除颜色与图案的搭配外，还应特别注意领带与衬衫领口的搭配，领带有多种常用系扎方法（详见领带打结法），那么在日常生活中，到底该用哪种好呢？一般情况下，除受流行因素的影响外（如西服驳头的宽窄影响到领带的宽窄，进而影响到领带结的大小），主要是根据所穿衬衫领子的形状（领尖夹角的大小）来选择的。现在市场上的男衬衫，从领形上分，有以下几种：

（1）标准领。领型普通，最容易搭配，无论什么领带都可以尝试与之搭配，而且不必挑剔领带的图案。

（2）宽角领（又叫温莎领）。这种领形适合系温莎结形的领带，而且一般与英式的西服相搭配，是当年温莎公爵带头兴起的。但近年流行敞角领的衬衫与打得稍小的半温莎领结相配，这种搭配能于复古中反映近年来精致的现代思潮。

（3）带扣尖领。这种领形的领尖夹角一般等于或小于标准领形，因此适合系半温莎结或普通结。

（4）有襻领。这种领形因夹角较小，所以一般系普通结。

（5）针孔领。适合系普通结。

（6）小方领。一般系半温莎结或普通结。

（7）翼形领。一般系蝴蝶结而不系普通领带。

（8）立领。通常不系领带。

（六）领带的打法

下面是10种领带的打法：

1. 平　结

平结是男士们选用最多的领带打法之一。几乎适用于各种材质的领带。领带打完后呈斜三角形，适合窄领衬衫。

要诀：宽边在左手边，也可换右手边打；在选择"男人的酒窝"（形成凹凸）的情况下，尽量让两边均匀且对称。

2. 双环结

一条质地细致的领带再搭配上双环结颇能营造时尚感。适合年轻的上班族选用。

要诀：该领带打法完成的特色就是第一圈会稍露出于第二圈之外，千万别刻意给盖住了。

3. 交叉结

这是适合单色素雅质料且较薄领带选用的打法。对于喜欢流行感的男士不妨多使用"交叉结"。交叉结的特点在于打出的结有一道分割线，适用颜色素雅且质地较薄的领带，感觉非常时髦。

要诀：注意按步骤打完领带，背面朝前。

4. 双交叉结

双交叉结很容易体现男士高雅且隆重的气质，适合正式活动场合选用。该领带打法应多运用在素色且丝质领带上，若搭配大翻领的衬衫，还会有种尊贵感。

要诀：宽边从第一圈与第二圈之间穿出，完成集结，充实饱满。

5. 温莎结

温莎结是因温莎公爵而得名的领带结，是最正统的领带打法。打出的结呈正三角形，饱满有力，适合搭配宽领衬衫。该集结应多往横向发展。应避免材质过厚的领带，集结也勿打得过大。

要诀：宽边先预留较长的空间，绕带时的松、紧会影响领带结的大小。

6. 亚伯特王子结

亚伯特王子结适用于浪漫扣领及尖领系列衬衫，搭配浪漫、质料柔软的细款领带，正确打法是在宽边先预留较大的空间，并在绕第二圈时尽量贴合在一起，即可完成此一完美结型。

要诀：宽边先预留较长的空间，并在绕第二圈时尽量贴合在一起，即可完成此一完美结型。

7. 四手结（单结）

四手结是所有领结中最容易上手的，适用于各种款式的浪漫系列衬衫及领带。

8. 浪漫结

浪漫结是一种完美的结型，适用于各种浪漫系列的领口及衬衫，完成后将领结下方之宽边压以褶皱可缩小其结型，窄边亦可将它往左右移动使其小部分出现于宽边领带旁。

9. 简式结（马车夫结）

适用于质料较厚的领带，最适合标准式及扣式领口之衬衫，将其宽边以180度由上往下翻转，并将折叠处隐藏于后方，待完成后可再调整其领带长度，是最常见的一种结形。

10. 十字结（半温莎结）

此款结型十分优雅，比较少见，其打法亦较复杂，使用细款领带较容易上手，最适合搭配浪漫的尖领及标准式领口系列衬衫。

(七)领带的保养方法

(1)使用后请立即解开领结,并轻轻从结口解下,避免用力拉扯表布及衬里,以免纤维断裂造成永久性褶皱。

(2)每次戴完解开后,请将领带对折平放或将领带吊起来,并留意放置处是否平滑,以免刮伤领带。

(3)开车系上安全带时,勿将领带绑在安全带里面,以免产生褶皱。

(4)同一条领带戴完一次后,请隔几天后再戴,并先将领带放置于潮湿的地方或喷少许水,使其褶皱处恢复原状后,再收至干燥处平放或吊立。

(5)沾染污垢时,立即干洗,处理结上褶皱应以蒸气熨斗低温烫平。水洗及高温熨烫容易变形。

(八)领带的洗涤方法

(1)洗涤方式。由于领带面料与衬里用料不同,水洗后易变皱,同时也易破坏领带表面的光泽,切不可把领带整条放入水中洗涤,最好干洗。领带打结的地方易沾污垢,可将其放入盛有汽油的盆里用手揉洗或刷洗。其他有污垢的地方用布蘸汽油擦洗即可。

(2)洗涤原料。如自己干洗,洗涤原料为高纯度酒精或120号以上的无色溶剂汽油。

(3)洗涤。将真丝领带浸泡约十分钟;使用光滑无刺的小棍轻敲领带脏处,如领带污迹面积过大,可用手轻轻揉;清水淋净后用衣架挂起。溶剂挥发完后,如领带上面仍有大量污迹,则可用软毛刷蘸水轻轻刷洗。

(4)熨烫。熨烫时,用硬纸板剪成领带形或用一张白纸折成领带形,塞入领带里衬部分,再轻轻熨烫,以防将各边熨得太死,也可不用垫布进行明熨,但宜采用低中温度,熨烫速度要快,以免出现泛黄和"极光"现象。若领带有轻微的褶皱,可将其紧紧地卷在干净的酒瓶上,隔一天褶皱便可消失。

(九)领带的贮存

领带不可在阳光下暴晒,以防泛黄走色。存放领带处要保持干燥,且不要放樟脑丸。在收藏时最好先熨烫一下,以达到杀虫灭菌防蛀的目的。领带最好用衣架挂起,罩一布袋,以防止灰尘。

(十)对于领带容易粘上的几种顽固污渍的处理小窍门

(1)除印油渍。用肥皂和汽油的混合液(不含水)涂在色渍上,轻轻搓洗,使其溶解脱落,再用肥皂水洗涤,用清水漂净。若经过肥皂洗涤,油脂已除而颜色尚在,则应作褪色处理,要用漂白粉或保险粉(用于真丝领带的)来消除色渍。

(2)除血、奶迹。将胡萝卜研碎拌上盐,涂在沾有血、奶渍的领带上轻轻揉搓,再用清水漂净。

(3)除茶、咖啡渍。如果领带上洒了咖啡或茶水,立即脱下用热水搓洗便可洗干净。如果污渍已干，那就要用较复杂的办法洗涤了，用甘油和蛋黄的混合溶液涂拭污渍处，待稍干后，再用清水洗涤即可。

四、西　裤

西裤和西服、衬衣成套穿时，应注意西裤的穿着：

第一，因西装讲究线条美，所以西裤必须要有中折线。平时在保存时也应尽量从中折线处折叠存放。

第二，西裤长度以前面能盖住脚背、后边能遮住1厘米以上的鞋帮为宜。太短显得滑稽，太长显得拖沓，都不适合出现在正式场合。

第三，西裤长度要适宜，不能随意将西裤裤管挽起来。

五、皮鞋和袜子

（一）皮　鞋

第一，穿整套西装一定要穿皮鞋，不能穿旅游鞋、便鞋、布鞋或凉鞋，否则会令人发笑，显得不伦不类。

第二，在正式场合穿西装，一般穿黑色或咖啡色皮鞋较为正规。但需要注意的是，黑色皮鞋可以配任何颜色的西装套装，而咖啡色皮鞋只能配咖啡色西装套装。白色、米黄色等其他颜色的皮鞋均为休闲皮鞋，只能在休闲娱乐的时候穿。

（二）袜　子

穿整套西装一定要穿与西裤、皮鞋颜色相同或较深的袜子，袜子颜色一般为黑色、深蓝色或藏青色，绝对不能穿花袜子或白色袜子。在国际上，很多人把穿深色西装配白袜子的男子戏称为"驴蹄子"，认为是很没有教养的。

另外，男性袜子的质地一般以棉线为宜，长度要高及小腿部位，不然坐下后露出皮肉则非常不雅观。

六、西装的扣子

西装的扣子有单排扣与双排扣之分。单排扣有1粒、2粒、3粒；双排扣有2粒、4粒和6粒。

单排扣的西装穿着时可以敞开，也可以扣上扣子。照规矩，西装上衣的扣子在站着的时候应该扣上，坐下时才可以敞开。单排扣西装的扣子并不是每一粒都要系好的：单排扣1粒的扣与不扣都无关紧要，但正式场合应当扣上；2粒的应扣上上面的一粒，底下的一粒为样扣，不用扣；3粒扣子的扣上中间一粒，上下各一粒不用扣。

双排扣的西装要把扣子全系上。双排扣西装最早出现于美国，曾经在意大利、德国、法国等欧洲国家很流行，不过现在已经不多见了。现在穿双排扣西装比较多的当数日本人了。

西装背心的扣子。西装背心有 6 粒扣与 5 粒扣之分。6 粒扣最底下的那粒可以不扣，而 5 粒扣的则要全部都扣上。

七、西装的口袋

西装讲求直线美。西装上有很多口袋是装饰袋，不能装东西。我们知道，男性也有许多小东西，如果在穿西装时不注意，一个劲地往口袋里装，弄得鼓鼓囊囊，那么肯定会破坏西装的直线美感，这样既不美观又有失礼仪。

上衣口袋。穿西装尤其强调平整、挺括，这就要求线条轮廓清楚、服帖合身。上衣口袋只作装饰，不可以用来装东西，但必要时可装折好的花式手帕。

西装左胸内侧衣袋，可以装票夹（钱夹）、小日记本或笔。

右侧内侧衣袋，可以装名片、香烟、打火机等。

裤兜也与上衣袋一样不能装物，以求裤型美观。但裤子后兜可以装手帕、零用钱等。

需要注意的是，西装的衣袋和裤袋里不宜放太多的东西。此外，把两手随意插在西装衣袋和裤袋里，也是有失风度的。

如要携带一些必备物品，可以装在提袋或手提箱里，这样看起来不但干净利落，而且还能防止衣服变形。

八、男子着西装"三个三"

商务交往中、正式社交场合，男士着西装如何体现自身的身份和品位？

三色原则：正式场合，着西装套装全身上下不超过三种颜色。

三一定律：着西装正装，腰带、皮鞋、公文包应保持同一颜色——黑色。

三大禁忌：西装左袖的商标没有拆；穿白色袜子、尼龙袜子出现在正式场合；领带的打法出现错误。

情境六 饰物与配件

穿着一身得体美观的服装，不可忽视饰品的佩戴。巧妙地使用首饰和饰物，才能构成整体的和谐、完美，达到相互烘托和渲染的装饰效果。

对于服饰而言，首饰起着辅助、烘托、陪衬、美化的作用。从审美的角度来看，它与服装、化妆一道被列为人们用以装饰、美化自身的三大方法之一。较之于服装，饰物常发挥着画龙点睛的作用。

在使用首饰时要讲究规则，宁肯不用也不要乱用。在数量上以少为佳，下限是零，上限是三，必要时可以一件首饰也不戴，若有意戴多种时，在数量上最好不要超过三种。除耳环、手镯外，同类首饰不要超过一件，否则会给人凌乱之感，首饰要力求简单。

在色彩上要力求同色，同时佩带两件或两件以上的首饰时应使其色彩一致，戴镶嵌首饰时应使其与服装色调保持一致。

在身份上要服从本人的身份，与自己的性别、年龄、职业、工作环境保持大体一致，而不宜使之相去甚远。

在体型上要使首饰为自己的体型扬长避短。选择首饰时应充分正视自己形体的特点。选择饰物应与各人的年龄、体形、发式、脸型、职业等构成的个性特点相适应。利用各类饰物的点缀为人增色，掩饰自身的不足，衬托个体独特的气质。例如，脖子粗短者不宜戴多串式项链，而应戴长项链，以显得脖子长些。又如宽脸、圆脸或戴眼镜的女士，要少戴大耳环和圆形耳环，戴多了和戴不对反而会画蛇添足。年轻女士可戴一些夸张的无多大价值的工艺饰品，相反，年龄较大的女士应戴一些较贵的、较精致的饰物来衬托自己的庄重、高雅。

一、饰品佩戴的原则

现代生活中，饰品的佩戴有传播信息的作用，表明主人的想法，尤其是在公关交际场合更应恰到好处地佩戴这些饰品，正确的搭配可以起到画龙点睛的作用。

（一）符合身份

首饰的作用就是装饰，但如果这种装饰给自己和别人带来不快的话，美丽也就不存在了。也许你不知道自己的形象是何时给别人留下坏印象的，但从此刻起，你要留意是否有遵守各种礼仪规范。在正式商务交往中选戴首饰时，职场人员要注意使之与自己的身份相称，一般要讲究"三不戴"：首先，有碍于工作的首饰不戴，如果某些首饰会直接影响自己的正常工作，就应该不带；其次，炫耀自己财力的首饰不戴，在工作场合佩戴过于名贵的首饰，难免给人招摇的感觉；最后，突出个人性别特征的首饰不戴，如胸针、耳环等，往往会突出佩戴者的特征，从而引起异性的过分注意，在工作场合最好不要戴。

（二）男女有别

从某方面讲，首饰一般都是女士佩戴的，男性通常不适合在正式场合佩戴过多的首饰，女士虽有更多的选择，但应该做到以下几点：

（1）首饰搭配礼仪之数量。佩戴饰品时，在数量上应注意的礼仪是以少为佳，必要时可以一件饰品也不佩戴。若有意同时佩戴多种饰品，其上限一般为三，即不应当在总量上超过三种。除耳环、手镯外，最好同类饰品不要超过一件。

（2）首饰搭配礼仪之色彩。佩戴饰品时，在色彩上应注意的礼仪是力求同色。若同时佩戴两件或两件以上饰品，应使其色彩一致。戴镶嵌饰品时，应使其主色调保持一致。千万不要使所戴的几种饰品色彩斑斓，把佩戴者打扮得像一棵"圣诞树"。

（3）首饰搭配礼仪之质地。佩戴饰品时，在质地上应注意的礼仪是争取同质。若同时佩戴两件或两件以上首饰，应使其质地相同。戴镶嵌饰品时，应使其与被镶嵌物质地一致，托架也应力求一致。这样做的好处是能令其在总体上显得协调一致。另外还须注意，高档饰物，尤其是珠宝饰品，多适用于隆重的社交场合，不适合在工作、休闲时佩戴。

（4）首饰搭配礼仪之身份。佩戴饰品时，在身份上应注意的是要令其符合身份。佩戴饰品时，不仅要照顾个人爱好，更应当使之服从于本人身份，要与自己的性别、年龄、职业、工作环境保持大体一致，不宜使之相去甚远。

（5）首饰搭配礼仪之体型。佩戴饰品时，在体型上应注意的礼仪是要使饰品为自己的体型扬长避短。选择饰品时，应充分正视自身形体的特色，努力使饰品的佩戴为自己扬长避短。避短是其中的重点，扬长则须适时而定。

（6）首饰搭配礼仪之季节。佩戴饰品时，在季节上应注意的礼仪是要与季节相吻合。一般而言，季节不同，所佩戴饰品也应不同。金色、深色饰品适于冷季佩戴，银色、艳色饰品则适合暖季佩戴。

（7）首饰搭配礼仪之搭配。佩戴饰品时，在搭配上应注意的礼仪是要尽力使服饰协调。佩戴饰品，应视为服装整体上的一个环节。要同时兼顾穿着的质地、色彩、款式，并努力使之在搭配、风格上相互般配。

（8）首饰搭配礼仪之习俗。佩戴饰品时，在习俗上应注意的礼仪是要遵守习俗。不同的地区和民族，佩戴饰品的习惯多有不同。对此，一是要了解，二是要尊重。佩戴饰品不讲习俗，是万万行不通的。

在较为正规的场合使用饰品，务必要遵守其使用时应注意的礼仪。这样做的好处是既能让饰品发挥其应有的美化、装饰功能，又能合乎常规，在选择、搭配、使用中不至于出洋相，被人耻笑。

二、饰品的佩戴

（一）丝巾、围巾佩戴的礼仪，丝巾的选择和佩戴

丝巾是女士的钟爱。确实，不管什么场合，利用飘逸柔媚的丝巾作点缀，一下便能令穿着更有味道。丝巾挑选的重点是颜色、图案、质地和垂坠感。可以用丝巾调节脸部气息，如红色系可映得面颊红润；或是突出整体打扮，如衣深巾浅、衣冷色巾暖色、衣素巾艳。

佩带丝巾要注意：如果脸色偏黄，不宜选用深红、绿、蓝、黄色的丝巾；脸色偏黑，不宜选用白色和有大红图案的丝巾。丝巾不要放到洗衣机里洗，也不要用力搓揉和拧干。只要放入稀释的清洁剂中浸泡一两分钟，轻轻拧出多余水分再晾干就行了。

围巾一般在春冬季节使用的比较多。它的搭配要和衣服、季节协调。厚重的衣服可以搭配轻柔的围巾，但轻柔的衣服却绝不能搭配厚重的围巾。围巾和大衣一般都适合室外或部分公共场所穿着，到了房间里面就要及时摘掉，不然会让人感到压力。

（二）手表的选择与手表佩戴礼仪

与首饰相同的是，在社交场合人们所戴的手表往往能体现其地位、身份和财富状况。因此，在人际交往中人们所戴的手表尤其是男士所戴的手表，大都引人瞩目。在正规的社交场合，手表往往被视同首饰，对于平时只有戒指一种首饰可戴的男士来说，更是备受重视。有人甚至强调说："手表不仅是男人的首饰，而且是男人最重要的首饰。"在西方国家，手表与钢笔、打火机曾一度被称为成年男子的"三件宝"。

手表的选择：佩戴手表若要正确无误，自然先要了解手表，并且善于选择手表。选择手表应注重以下几方面：手表的种类，根据标准的不同，手表可以分为许多不同的种类。在社交场合，人们一般都是依据价格来区分其种类的。按照这个标准，手表可被分为豪华表、高档表、中档表、低档表等四类。以时价而论，豪华表价格在 10 000 元以上，高档表在 2 000～10 000 元之间，中档表在 500～2 000 元之间，低档表在 500 元以下。选择手表的具体种类时，首先要量力而行，不要做力不从心的事。另外，还要同时顾及个人的职业、露面的场合、交往的对象和所选用的其他服饰等一系列相关因素。

手表的功能：计时是手表最主要的功能。因此，正式场合所用的手表，不管是指针工、跳字式还是报时式，都应具有这一功能，并且应精确到分，当然能精确到秒则更好。只精确到时的手表，显然不符合要求。总之，手表的功能要少而精，并要有实用价值。

手表的形状：手表的造型往往与其身价、档次有关。在正式场合所戴的手表，造型方面应当庄重、保守，避免怪异、新潮。男士，尤其是位尊者、年长者更要注意。造型新奇、花哨的手表，仅适用于少女及儿童。一般而言，正圆形、椭圆形、正方形、长方形及菱形手表，因其造型庄重、保守，适用范围极广，特别适合在正式场合佩戴。

手表的图案：除数字、商标、厂名、品牌外，手表上没必要出现其他没有任何作用的图案。选择使用于正式场合的手表，尤其需要牢记此点。倘若手表上图案稀奇古怪、多种多样，不仅不利于使用，反而有可能招人笑话。

手表的色彩：选择在正式场合所戴的手表，其色彩应力戒繁杂凌乱，一般宜选择单色手表、双色手表，不应选择三色或三种颜色以上的手表。不论是单色手表还是双色手表，其色彩都要清晰、高贵、典雅。金色表、银色表、黑色表，即表盘、表壳、表带均有金色、银色、黑色的手表，是最理想的选择。金色表壳、表带、白色表盘的手表也能经得住时间的考验，在任何年代佩戴都不会落伍。

（三）首饰的佩戴

（1）戒指。戒指一般只能戴一枚，而且戴在左手上。戒指戴在不同的手指上有不同的含义：戴在食指上，表示无偶而求爱；戴在中指上，表示正在恋爱之中；戴在无名指表示已订婚或已结婚；戴在小拇指上，表示自己是一个独身主义者。在西方国家，未婚少女将戒指戴在右手上，但若戴在右手无名指上，表示"把爱给了上帝"，是修女戴戒指的习惯。

（2）项链。戴项链时，要注意与个人条件相配。

（3）耳环。佩戴耳环要与脸型相适。

（4）手镯与手链。如果在左手腕或左右两腕同时戴，表示已经结婚；如果仅在右手腕戴，表示佩带者尚未成婚；一只腕上只能戴一件饰品，手表和手镯或手链不能同时戴。

情境七　各国服饰礼仪

一、美　国

总体而言，美国人平时的穿着崇尚自然，偏爱宽松。讲究着装体现个性，是美国人穿着打扮的基本特征。跟美国人打交道时，应注意对方在穿着打扮上的下列讲究，免得让对方产生不良印象。第一，美国人非常注重服装的整洁。第二，拜访美国人时，进了门一定要脱下帽子和外套，美国人认为这是一种礼貌。第三，美国人十分重视着装细节。第四，在美国，女性最好不要穿黑色皮裙。第五，在美国，一位女士要是随随便便地在男士面前脱下自己的鞋子或者撩动自己裙子的下摆，往往会给人成心引诱对方之嫌。第六，穿睡衣、拖鞋会客，或是以这种打扮外出，都会被美国人视为失礼。第七，美国人认为，出入公共场合时化艳妆或是在大庭广众之前当众化妆补妆，不但会被人视为缺乏教养，而且还有可能令人感到"身份可疑"。第八，在室内依旧戴着墨镜不摘的人，往往会被美国人视作"见不得阳光的人"。

二、加拿大

在日常生活中，加拿大人着装以欧式为主。上班的时间，他们一般要穿西服、套裙。参加社交活动时往往要穿礼服或时装。在休闲场合则讲究自由穿着，只要自我感觉良好即可。

三、法　国

法国人对于衣饰的讲究，在世界上是最为有名的。所谓"巴黎式样"，在世人眼中即与时尚、流行含意相同。在正式场合法国人通常要穿西装、套裙或连衣裙，颜色多为蓝色、灰色或黑色，质地则多为纯毛。出席庆典仪式时一般要穿礼服。男士所穿的多为配以蝴蝶结的燕尾服或是黑色西装套装；女士所穿的则多为连衣裙式的单色大礼服或小礼服。对于穿着打扮，法国人认为重在搭配是否得法。在选择发型、手袋、帽子、鞋子、手表、眼镜时，都十分强调要使之与自己着装协调一致。

四、德　国

德国人在穿着打扮上的总体风格是庄重、朴素、整洁的。在一般情况下，德国人的衣着较为简朴。男士大多爱穿西装、夹克，并喜欢戴呢帽。妇女们则大多爱穿翻领长衫和色彩图案淡雅的长裙。德国人在正式场合露面时，一般都穿戴得整整齐齐，衣着一般多为深色。在商务交往中，他们讲究男士穿三件套西装，女士穿裙式服装。德国人对发型较为重视。在德国，男士不宜剃光头，免得被人当作"新纳粹"分子。德国少女的发式多为短发或披肩发，烫发的女性大半都是已婚者。

五、波　兰

波兰人的穿着打扮极有自己的特点。除正式场合要穿西服、套裙之外，波兰人日常着装的最大特点是崇尚个性，讲究与众不同。

六、俄罗斯

俄罗斯人大都讲究仪表，注重服饰。在俄罗斯民间，已婚妇女必须戴头巾，并以白色的为主；未婚姑娘则不戴头巾，但常戴帽子。在城市里，俄罗斯人目前多穿西装或套裙，俄罗斯妇女往往还要穿一条连衣裙。前去拜访俄罗斯人时，进门之后请立即自觉地脱下外套、手套和帽子，并且摘下墨镜，这是一种礼貌。

七、澳大利亚

澳大利亚男子多穿西服，打领带，在正式场合打黑色领结，达尔文服是流行于达尔文市的一种简便服装。妇女一年中大部分时间都穿裙子，在社交场合则套上西装上衣。无论男女都喜欢穿牛仔裤，他们认为穿牛仔裤方便、自如。世居民族往往赤身裸体或在腰间扎一条围巾，有些地方的人讲究些，将其披在身上。他们的装饰品丰富多彩。

八、墨西哥

墨西哥人的穿着打扮，既具有强烈的现代气息，又具有浓厚的民族特色。在墨西哥人的传统服装之中，名气最大的是"恰鲁"和"支那波婆兰那"。前者是一种类似于骑士服的男装，看起来又帅又酷。后者则为一种裙式女装，穿起来让人显得又高贵又大方。墨西哥人非常讲究在公共场合着装的严谨与庄重。在他们看来，在大庭广众下，男子穿短裤、女子穿长裤，都是不合适的。因此，在墨西哥的公共场合，男子一定要穿长裤，妇女则务必要穿长裙。

📝 【情境案例】

(一)

2002年，著名艺术表演家程冰如在香港遭遇了着装带给他的窘境。那次境遇让程冰如改变了一成不变的老观念：穿衣服确实不能忽视场合。当时，正在香港的某影星获悉程冰如也到了香港，邀请他出席胞兄的画展，并嘱咐他一定去帮忙"捧场"。程冰如到展厅的时间不早不晚，展厅里的人熙熙攘攘，程冰如深深地感到人们的装束无不得体，而自己的一身打扮实在有失体面。

程冰如回想起当时的情景还感慨不已："我身边的几位老总穿得都很到位：精制西装，风度翩翩，头发抹的光亮整齐，整齐得能看出梳子在头发上划过的一绺绺痕迹。那位明星一头短发，上衣的两个大尖领，像两把刀一样锋利地伸向两肩，腴白的脖子上是金光闪闪的小珠子项链。胡慧中身穿明艳的晚礼服，黑色套头衫，显得那么帅气，那么干练。我呢，尽管西服料子不错，也合体，只是在香港穿了一个星期没离身，裤线早没了，上衣的兜盖不知怎么的反了向了，兜口老是张着，领带呢，恰巧又忘了戴。"

程冰如说最尴尬的是头和脚。头发乱，因为他从来不抹油，习惯于早上起床后用梳了随便扒两下就算完事。"当时，头发都各自为政地在头上横躺竖卧，尤其是脑后'旋儿'旁边的那一绺，高高地矗着，不照镜子都能'心知肚明'。脚下一双皮革更显得寒酸，因为我穿着它已经走了整整一个星期。不亮不说，整个都走了形，像两个大鲇鱼头套在脚上。"

程冰如说他感到了一种不自在，一种被环境隔离开来的不自在。更不自在的是很多人都认识他，知道他是内地著名的相声艺术家，这个握手，那个交谈，问这问那，他则答非所问，因为脑子里老想着头上'旋儿'边的那一绺站立着的头发……

从那以后，程冰如非常注意不同时间、不同场合、不同环境的服饰穿着和饰物的搭配，使自己的形象更完美。

思考题：

程冰如在画展上为什么会有"一种被环境隔离开来的不自在"的感觉？

(二)

有一位女校长去拜访一位事业上很有成就的50岁左右的女企业家，在办公室外等待的时候，想到女企业家的名气和出色的业绩，不禁感到有些紧张。当她被请进办公室见到这位女企业家的时候，她心中的紧张感便没了，并且还平添了几分自信。她看到这位胖胖的女企业家穿了一身超短的套裙，并且还穿了一双露着脚趾的凉鞋，对她的印象立刻大打折扣。

思考题：

女企业家的形象在哪里丢分了？为什么？

【情境演练】

职业装

一、课前准备

教师课前通知学生按照面试要求着装。

二、小组互动

1. 全班分成若干组，每组推选出一名小组公认的职业形象最佳的同学。
2. 每位同学将自己对这位同学的服饰装扮进行点评，按照以下要点记录。

三、记录

1. 配色原则评价

我的评价：

同学们的评价：

老师总结要点记录：

2. TPO 原则

我的评价：

同学的评价：

老师总结要点记录：

3. 服饰礼仪评价

我的评价：

同学的评价：

老师总结要点记录：

【情境延伸】

测试自己的穿衣风格

1. 您经常穿的职业装款式：

A. 不配套的，舒适而又职业化的女装

B. 剪裁风格古典的套装

C. 线条更柔和的、曲线感强的服装

D. 时髦的、大胆的、有力量感的式样

E. 得体而出人意料的组合搭配服装

F. 品质上乘的、高贵的混合色服装

G. 曲线裁剪的、小圆领的服装

H. 立领式的、线条简洁的

2. 您经常穿着的周末服装款式：

A. 运动服或者休闲服

B. 适用多种场合的高品质的裙子和毛衣

C. 柔和的衣服，如飘拂的裙子和漂亮的衬衫

D. 最新的时装，如超大夹克配引人注意的饰物

E. 具有时尚个性的、不落俗套的款式

F. 柔软的毛衣，飘逸的长裙

G. 碎花的连衣裙

H. 男式衬衣、小夹克或短裤，最好佩戴一个棒球帽

3. 您经常梳的发型：

A. 随意的像风吹过的发型

B. 紧束的、整洁的而又不太拘谨的

C. 柔和的大波浪长卷发

D. 成熟、夸张的发型

E. 既时尚又个性的漂亮发型

F. 卷曲、柔和的烫发

G. 小碎卷、最好别有两个花的或蝴蝶结的发夹

H. 削短，男孩头

4. 您经常使用的面料：

A. 法兰绒斜纹平针织物，棉、麻质感织物

B. 100%的羊毛、棉和丝类等天然面料

C. 平针织物、透孔织品、丝织品

D. 天鹅绒、仿鹿皮等富丽的面料

E. 金属线织物、对比色强烈的织物

F. 高级皱纹呢、羊绒、皮革

G. 羊绒、小印花棉布

5. 您经常穿着的衬衫或上装：

A. 羊毛或棉的马球衫

B. 高质量丝和棉的衬衫

C. 花边领衬衫

D. 大胆、夸张的女罩衫

E. 非常艺术化的上衣

F. 丝织的衬衣

G. 圆领带花边的衬衣

H. 男式领衬衣

6. 您经常佩带的饰物：

A. 少量的天然珠子和石子

B. 只选珍珠或黄金饰品

C. 华丽、女人味的花形饰品

D. 大胆、几何形状的饰品

E. 个性、怪异的饰品

F. 垂吊、链形的耳饰

G. 可爱、易碎、纤细的小饰品

H. 简洁的金属类几何图案

7. 您经常选择的晚装：

A. 天鹅绒的裤子或连衣裙

B. 简洁、合体的连衣裙

C. 细部精美的漂亮的丝织连衣裙

D. 色彩丰富的丝质上装配黑色裤子

E. 短裤配有金属饰片的上装

F. 丝质衬衫和优雅的长裙

G. 有花朵或蝴蝶结装饰的蓬松的连衣裙

H. 短款小裤装或西装背带裤

8. 您经常穿的鞋子：

A. 短的鹿皮靴

B. 样式正统的中高跟船鞋

C. 露趾或后吊的高跟鞋

D. 皮靴或引人注目的鞋子

E. 松糕鞋，造型感强的鞋子

F. 鞋头尖细的细高跟鞋

G. 圆口或有蝴蝶结装饰的小皮鞋

H. 方头，系带鞋

9. 别人经常形容你：

A. 亲切的、自然的、随意的、质朴的

B. 端庄的、高贵的、稳重的、正统的

C. 华丽的、成熟的、曲线的、妩媚的

D. 夸张的、大气的、时髦的、引人注目的

E. 个性的、新潮的、叛逆的、标新立异的

F. 柔和的、精致的、女人味的、小家碧玉的

G. 可爱的、天真的、圆润的、稚气的

H. 中性的、干练的、帅气的、锋利的

结果分析

答案以 A 居多为自然型；B 居多为古典型；C 居多为浪漫型；D 居多为戏剧型；E 居多为前卫型；F 居中多为优雅型；G 居多为前卫少女型；H 居多为前卫少年型。

如果你在几个答案中徘徊的话，说明你有可能同时具有多种属性。一个人属于哪一种风格，这完全要由他（她）与生俱来的轮廓、量感及气质所定。

下 篇

行为系统——言谈举止层

模块四　仪态美的塑造

【知识目标】

◇认识外在形象在职业形象塑造中的重要意义
◇认识仪态美与职业形象的关系
◇认识优雅仪态管理的方法

【能力目标】

◇掌握职场人士应该具备的行为举止规范
◇掌握外在形象管理的方法

【素质目标】

◇培养鉴赏美、塑造美的美感态度

仪态指人在行为中的姿势和风度。姿势是指身体呈现的样子；风度是指气质方面的表露。"站要有站相，坐要有坐相""站如松，坐如钟，走如风，卧如弓"，是我们对礼仪的传统的要求。在人际交往中，人们的感情流露和交往往往借助于人体的各种姿势，这就是人们常说的"体态语言"，它作为一种无声的"语言"，在生活中被广泛地运用。通过一个人的日常仪态，可以了解其素质和感情，见识其气质与风度。而一个人的仪态美主要是一种外在美，它以高雅的气质、迷人的风度为具体表现形式，它是建立在一个人的内在美，即心灵美的基础上的。

曾任美国总统的老布什能够坐上总统的宝座，成为美国"第一公民"，与他的仪态表现分不开。在1988年的总统选举中，布什的对手杜卡基斯猛烈抨击布什是里根的影子，没有独立的政见。而布什在选民的形象也的确不佳，在民意测验中一度落后于杜卡基斯10多个百分点。未料两个月以后，布什以光彩照人的形象扭转了劣势，反而领先杜卡斯基10多个百分点，创造了奇迹。原来布什有个毛病，他的演讲不太好，嗓音又尖又细，手势及手臂动作总显得死板，身体动作不美。后来布什接受了专家的指导，纠正了尖细的嗓音、生硬的手势和不够灵活的摆动手臂的动作，结果就有了新颖独特的魅力。在以后的竞选中，布什竭力表现出强烈的自我意识，改变了人们对他原来的评价。在着装方面配以卡其布蓝色条子厚衬衫，以显示"平民化"，终于获得了最后的胜利。

依照职业人士礼仪的规范化要求，职场人士在自己的工作岗位上，务必要高度重视体态语的正确运用。这个问题，实际上又可分为相互关联的两个方面：一是更为有效地运用自身的体态语，二是更为准确地理解他人的体态语。具体来说，需要注意的仪态礼仪主要包括站姿、坐姿、行姿、手势、表情等几个方面。

情境一　站　姿

在人际交往中，站立姿势是一个人全部仪态的根本之点。如果一个人的站姿不够标准，那么他的其他姿势就谈不上优美。

对站姿的要求是"站如松"，即人的站立姿势要像松树一样端直挺拔。站立的姿势要展现身姿的健美挺拔、舒展优美、典雅大方，这是一种静态美，是培养优美仪态的起点，也是发展不同质感动态美的起点和基础。正确的站姿会给人以挺拔笔直、舒展大方、精力充沛、积极向上的印象。

站姿的特点是：端正、挺拔、舒展、俊美。

站姿的基本要领：两脚跟相靠，脚尖分开45度到60度，身体重心放在两脚上，两腿并拢立直，腰背挺直，挺胸收腹。抬头，脖颈挺直，双目向前平视，嘴唇微闭，面带微笑，微收下颚。

注意：端正立直，不要无精打采，塌肩缩背、东倒西歪，不要依靠在墙上和椅子上；在正式场合，不要将手插在裤袋里或交叉在胸前。

一、工作中常用的站姿

工作中常用的站姿有如下五种：

（1）肃立站姿。要领：两脚并拢，两膝绷直并严，挺胸抬头，收腹立腰，双臂自然下垂，下颚微收，双目平视。

（2）体前交叉式。要领：男性左脚向左横迈一小步，两脚展开，两脚尖与脚跟的距离相等，两脚之间距离以小于肩宽为宜，双手在腹前交叉，右手大拇指与四肢分开搭在左手腕部，身体重心放在两脚上，腰背挺直，注意不要收腹或后仰。

女性站成右丁字步，即两脚尖稍稍展开，右脚在前，将右脚跟靠于左脚内侧前端，腿绷直并严，腰背立直，两手在腹前交叉，右手握左手的手指部分，使左手四指不外露，左右手大拇指内收在手心处。

（3）体后交叉式。要领：两脚跟并拢两脚尖展开60度左右，腿绷直，腰背直立，两手在身后交叉，右手搭左手腕部，两手心向上收。

（4）体后单背式。要领：站成左丁字步，即左脚跟靠于右脚内侧中间位置，使两脚尖展开成90度，身体重心放在两脚上，左手后背半握拳，右手自然下垂。

另外，也可站成右丁字步，即右脚跟靠于左脚内侧中间位置，使两脚尖展开90度，右手后背半握拳，左手自然下垂。

（5）体前单曲臂式。要领：右脚内侧贴于左脚跟处（呈丁字步），两脚尖展开90度，左手臂自然下垂，右臂肘关节屈，右前臂抬至中腹部，右手心向里，手指自然弯曲。

另外，也可以左脚内侧贴于右脚跟处（呈丁字步），两脚尖展开90度，右手臂自然下垂，左臂肘关节屈，左前臂抬至中腹部，左手心向里，手指自然弯曲，重心放在两脚上。

男性在站立时，要注意表现出男性刚健、潇洒、英武、强壮的风采，要力求给人一种"劲"的壮美感；女性在站立时，则要注意表现出女性轻盈、妩媚、娴静、典雅的韵味，要努力给人一种"静"的优美感。

二、不同场合的站姿

在升国旗、奏国歌、接受奖品、受接见、致悼词等庄严的场合，应采取严格的标准站姿，而且神情要严肃。

在发表演说、新闻发言、做报告宣传时，为了减少身体对腿的压力，减轻由于较长时间站立给双腿造成的疲倦感，可以用双手支撑在讲台上，两腿轮流放松。

主持文艺活动、联欢会时，可以将双腿并拢站立，女士甚至可以站成"丁"字步，让站立姿势更加优美。站"丁"字步时，上体前倾，腰背挺直，臀微翘，双腿叠合，玉立于众人间，富于女性魅力。

门迎、侍应人员往往站得时间很长，双腿可以平分站立，也可以分开，但分开不宜超过双肩。双手可以交叉或前握垂放于腹前；也可以背后交叉，右手放到左手的掌心上，但要注意收腹。

礼仪小姐的站立，要比门迎、侍应更趋于艺术化，一般可采取立正的姿势或"丁"字步。如双手端执物品时，上手臂应靠近身体两侧，但不必夹紧，下颌微收，面含微笑，给人以优美亲切的感觉。

在日常生活中的某些场合，常常有人站着时手足无措，双手不知放在何处才好。站姿可以随着场合进行调整。同别人站着交谈时，如果空着手，可双手在体后交叉，右手放在左手上；若身上背着背包，可用背包摆出优雅的站姿；向长辈、朋友、同事问候或做介绍时，不论握手或鞠躬，双足应当并立，相距约10厘米左右，膝盖要挺直；等车或等人时，两足的位置可一前一后，保持45度角，肌肉放松而自然，并保持身体的挺直。

总之，站姿应该是自然、轻松、优美的，无论脚的姿势及角度和手的位置怎么变，身体都一定要保持绝对的挺直。

情境二　坐　姿

坐的姿势，一般称为坐姿，指的是人在就座以后身体所保持的一种姿势。坐姿是体态美的主要内容之一。具体的方法是：人们将自己的臀部置于椅子、凳子、沙发或其他物体之上，以支撑自己身体的重量，双脚则需放在地上。坐的姿势，从根本上讲，应当算是一种静态的姿势。学习与训练坐姿时，必须首先明确两点：一是在允许自己坐时才可以坐下。二是在坐下之后，尤其是在重要对象面前坐下时，务必要自觉地采用正确的坐姿。

对坐姿的要求是"坐如钟"，即坐相要像钟那样端正稳重、安详儒雅。端正优美的坐姿，会给人以文雅稳重、自然大方的美感。

坐姿的特点：安详、雅致、大方、得体。

坐姿的基本要领：入座时走到座位前，转身后把右脚向后撤半步，轻稳坐下，然后把右脚于左脚并齐，坐在椅子，上体自然挺直，头正，表情自然亲切，目光柔和平视，嘴微闭，两肩平正放松，两臂自然弯曲放在膝上，也可以放在椅子或沙发扶手上，掌心向下，两脚平落地面，起立时右脚先后收半步，然后站起。

一般来说，在正式社交场合，要求男性两脚之间可有一拳的距离，女性两腿并拢无空隙。两腿自然弯曲，两脚平落地面，不宜前伸。在日常交往场合，男性可以跷腿，但不可跷得过高或抖动；女性大腿并拢，小腿交叉，但不宜向前伸直。

为使你的坐姿更加正确优美，应该注意：入座要轻柔和缓，起立要端庄稳重，不可弄得坐椅乱响；就座时不可以两腿过于叉开；不可以高跷起二郎腿；跷腿时，悬空的脚尖应向下，切忌脚尖朝天；坐下后不要随意挪动椅子，不可腿脚不停地抖动；女士着裙装入座时，应用手将裙装稍稍拢一下，不要坐下后再站起来整理衣服；正式场合与人会面时，10分钟左右不可松懈，不可坐满椅子，也不要坐在椅子边上过分前倾；沙发椅的座位深广，坐下来时不要太靠里面。座位高低不同时，对坐姿的要求也不同。

低位式：轻轻坐下，臀部后面右距座椅背约2厘米。如果你穿的是高跟鞋，坐在低座位上，膝盖会高出腰部，你应当并拢两腿，使膝盖平行靠紧，然后将膝盖偏向你的对话者，偏的角度应根据座位高低来定，但以大腿和上半身构成直角为标准。

较高的座位：上身仍然要正直，可以跷大腿。方法是将左腿微向右倾，右大腿放在左大腿上，脚尖朝向地面，切忌右脚尖朝天。

座位不高不低：两脚尽量向后左方，让大腿和你的上半身成90度以上角度，双膝并拢，再把右脚从左脚外侧伸出，使两脚外侧相靠，这样不但雅致，而且显得文静优美。

不论何种坐姿，上身都应保持端正。

一、最为常用的七种坐姿

（1）正襟危坐式。这种坐姿可谓是最基本的坐姿，适用于最正规的场合。要求：上身和大腿、大腿与小腿、小腿与地面，都应成直角。双膝双脚完全并拢。

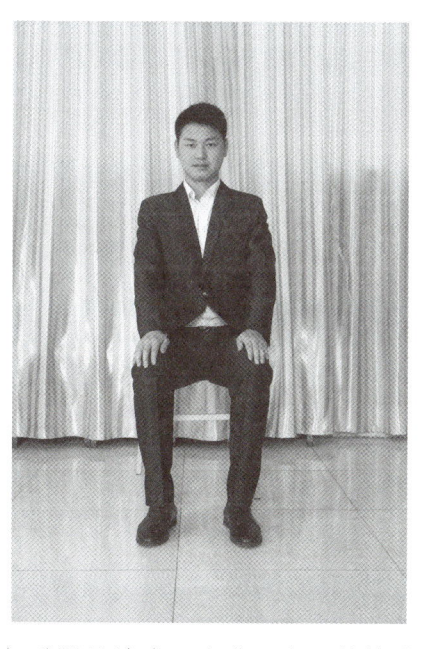
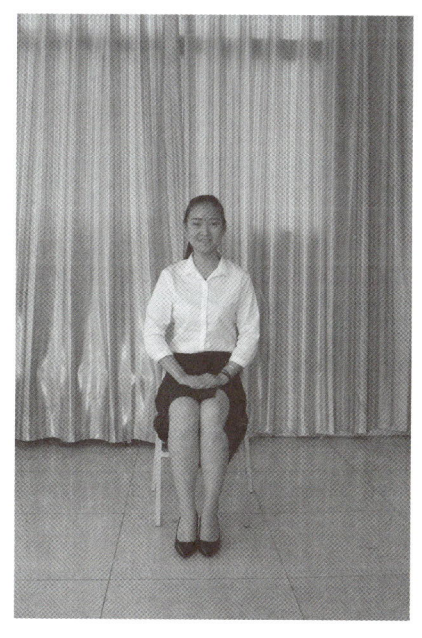

（2）垂腿叠放式。这种坐姿比较优雅，有一种大方高贵之感，适合穿短裙子的女士采用。要求：将两腿完全的一上一下交叠在一起，交叠后的两腿之间没有任何缝隙，有如一条直线。双腿斜放于左右一侧,斜放后的腿部与地面呈45度角,叠放在上的脚尖垂向地面。

(3)双腿斜放式。适用于穿裙子的女性在较低处就座使用。要求:双膝先并拢,然后双脚向左或向右斜放,力求使斜放后的腿部与地面呈45度角。

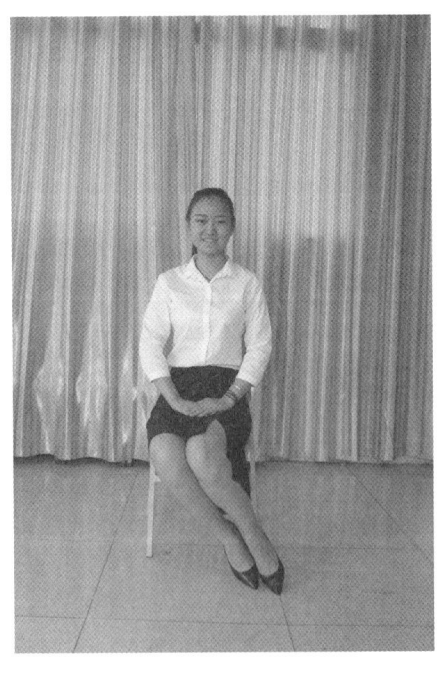

（4）双脚交叉式。它适用于各种场合，男女皆可选用。要求：双膝先要并拢，然后双脚在踝部交叉。交叉后的双脚可以内收也可以斜放，但不宜向前方远远直伸出去。

（5）双脚内收式。适合一般场合采用，男女皆宜。要求：两大并拢，双膝略打开，两条小腿分开后向内侧屈回。

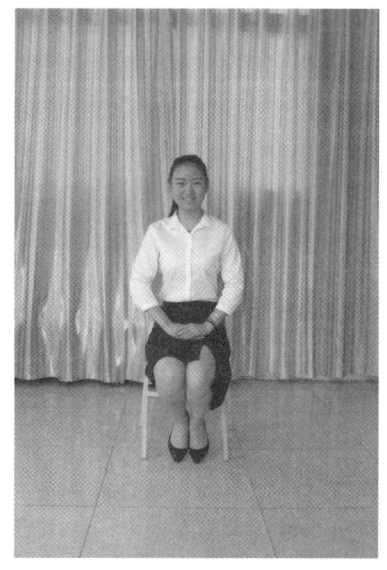

（6）前伸后屈式。这是女性适用的一种优美的坐姿。要求：大腿并紧之后，向前伸出一条腿，并将另一条腿屈后，两脚脚掌着地，双脚前后要保持在同一条直线上。

（7）大腿叠放式。多适用于男性在非正式场合采用。要求：两条腿在大腿部分叠放在一起，叠放之后位于下方的一条腿垂直于地面，脚掌着地，位于上方的另一条腿的小腿则向内收，同时脚尖向下。

二、不同场合的坐姿

谈判、会谈时一般比较严肃,适合正襟危坐,但不要过于僵硬。要求上身正直,端坐于椅子中部,注意不要使全身的重量只落于臀部,双手放在桌上、腿上均可。双脚为标准坐姿的摆放。

 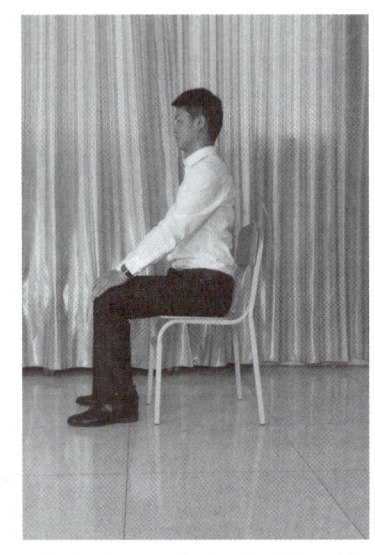

倾听他人教导、指点时,对方是长者、尊者、贵客时,坐姿除了要端正外,还应坐在坐椅、沙发的前半部或边缘,身体稍向前倾,表现出一种谦虚、迎合、重视对方的态度。

在比较轻松、随便的非正式场合,可以坐得轻松、自然一些。全身肌肉可适当放松,可不时变换坐姿,以作休息。

情境三 行 姿

走姿是站姿的延续动作。正确、优雅而有节奏的走姿能体现一种动态美。无论在日常生活中,还是在公共场合,走路都是"有目共睹"的肢体语言,最能表现一个人的风度、风采和韵味。有良好走姿的人,会更显青春活力和魅力。

一、行进姿态的基本要求

(1)方向明确。在行走时,保持明确的行进方向会给人以稳重之感。具体方法是:行走时应以脚尖正对前方,形成一条虚拟的直线。每行进一步,脚跟都应当落在这一条直线上。

(2)重心放准。行进时放准身体重心的做法是:起步之时,身体须向前微倾,身体的重量要落在前脚掌上。在行进的整个过程之中,应注意使自己身体的重心随着脚步的移动不断地向前过渡，而切勿让身体的重心停留在自己的后脚上。

（3）身体协调。在行进时如欲保持身体的和谐，需要注意：走动时要以脚跟先着地，膝盖在脚部落地时应当伸直，腰部要成为重心移动的轴线，双臂要在身体两侧摆动。行进时应面向前方，两眼平视，挺胸收腹，直起腰、背，伸直腿部，使自己全身从正面看上去犹如一条直线。

（4）步幅适度。步幅，是人们每走一步时，两脚之间的正常距离。服务人员在行进之时，最佳的步幅应为本人的一脚之长。同时，步子的大小，还应当大体保持一致。

（5）速度均匀。人们行进时的具体速度固然可以有所变化，但在某一特定的场合，一般应当使其保持相对稳定，较为均匀，而不宜使之过快、过慢或者忽快忽慢。

二、标准的走姿

有人编了走路的动作口诀，体现了走姿的要领：双眼平视臂放松，以胸领动肩轴摆，提髋提膝小腿迈，跟落掌接趾推送。

标准的走姿为：上身基本保持站立的标准姿势，挺胸收腹，腰背笔直；两臂以身体为中心，前后自然摆动。前摆约35度，后摆约15度，手掌朝向体内；起步时身子稍向前倾，中心落在前脚掌，膝盖伸直；脚尖向正前方伸出，行走时双脚踩在一条线缘上。

正确的行走，上体的稳定与下肢频繁规律的运动形成对比，和谐、干净利落、鲜明均匀的脚步形成节奏感，前后、左右行走，行走动作的平衡对称，都会呈现行走时的形式美。

三、不同场合的走姿

参加喜庆活动，步态应轻盈、欢快、有跳跃感，以反映喜悦的心情。
参观吊丧活动，步态要缓慢、沉重、有忧伤感，以反映悲哀的情绪。
参观展览、探望病人，环境安谧，不宜出声响，脚步应轻柔。
进入办公场所，登门拜访，在室内这种特殊场所，脚步应轻而稳。
走入会场、走向话筒、迎向宾客，步伐要稳健、大方，充满热情。
举行婚礼、迎接外宾等重大正式场合，脚步要稳健，节奏稍缓。
办事联络，往来于各部门之间，步伐要快捷稳重，以体现办事者的效率、干练。
陪同来宾参观，要照顾来宾行走速度，并善于引路。

情境四　蹲　姿

日常生活中，人们对掉在地上的东西一般是习惯弯腰或蹲下将其捡起，而身为职业人士对掉在地上的东西，也像普通人一样采用随意弯腰蹲下捡起的姿势是不合适的，这时我们就要了解下蹲姿礼仪了。

一、基本蹲姿

基本蹲姿应遵循：允许采用蹲姿时才能下蹲，忌突然下蹲，臀部向人。同时遵循以下几点：

（1）下蹲拾物时，应自然、得体、大方，不遮遮掩掩。
（2）下蹲时，两腿合力支撑身体，避免滑倒。
（3）下蹲时，应使头、胸、膝关节在一个角度上，使蹲姿优美。
（4）女士无论采用哪种蹲姿，都要将腿靠紧，臀部向下。

二、常见蹲姿

（一）交叉式蹲姿

在实际生活中常常会用到蹲姿，如集体合影前排需要蹲下时，女士可采用交叉式蹲姿。下蹲时右脚在前、左脚在后，右小腿垂直于地面，全脚着地。左膝由后面伸向右侧，左脚跟抬起，脚掌着地。两腿靠紧，合力支撑身体。臀部向下，上身稍前倾。

（二）高低式蹲姿

下蹲时右脚在前，左脚稍后，两腿靠紧向下蹲。右脚全脚着地，小腿基本垂直于地面，左脚脚跟提起，脚掌着地。左膝低于右膝，左膝内侧靠于右小腿内侧，形成右膝高左膝低的姿态，臀部向下，基本上以左腿支撑身体。

蹲姿的禁忌：

（1）弯腰拾捡物品时，两腿叉开，臀部向后撅起，是不雅观的姿态。两腿展开平衡下蹲，其姿态也不优雅。
（2）下蹲时注意内衣"不可以露"。

蹲姿三要点：迅速、美观、大方。

若用右手捡东西，可以先走到东西的左边，右脚向后退半步后再蹲下来。脊背保持挺直，臀部一定要蹲下来，避免弯腰翘臀的姿势。男士两腿间可留有适当的缝隙，女士则要两腿并紧，穿旗袍或短裙时需更加留意，以免尴尬。

情境五 表 情

表情主要是指人的面部表情。法国作家罗曼·罗兰曾经说过:"面部表情是多少世纪培养成功的语言,比嘴里讲得更复杂到千百倍的语言。"表情不仅能给人以直观印象,而且还能给人以艺术感染,它同有声语言配合,能产生极佳的交际效果。据心理学家研究所得出的结论,人们传达信息的总量中,55%是靠面部表情来获得的,所以有人认为面部是思想感情的"荧光屏"。人的面部表情由脸色的变化和眉、目、鼻、嘴、肌肉的动作来体现。如眉毛的动作就有20多种,每一种都表示出不同的语义。表情语的运用,我们重点讲目光语和微笑语的运用。

一、目光语

(一)目光语的含义和功能

目光语是运用眼的动作和眼神来传递信息和感情,实现交际的语言。面部表情语言以眼睛最为重要。意大利伟大的艺术家达·芬奇认为,人的眼神变化可以反映一个人的内心世界,他说:"眼睛是心灵的窗户"。劳夫·瓦多·爱默生曾这样说过:"人的眼睛和舌头所说的话一样多,不需要字典,却能够从眼睛的语言中了解整个世界。"有的心理学家得出这样的结论:人的视线活动概括了70%体态语的表达。具体来说,目光语的作用通常表现在以下三方面:

(1)目光能塑造自我形象,能给人以鲜明的"第一印象"。目光炯炯,给人以健康、精力旺盛的印象;目光迟钝,给人以衰老、身体虚弱的印象;目光明彻,给人以坦诚的印象;目光浑浊,给人以糊涂的印象;目光闪烁,给人以神秘、心虚的印象;目光如炬,给人以威严正义的印象。《诗经》中的"美目盼兮""美目扬兮""美目清兮",指的即是青年女子的目光语能给人以漂亮、迷人的印象。在老舍的《四世同堂》中有这样一段文字:

> 她的眼最好看,很深的双眼皮,一对很亮很黑的眼珠,眼珠转到眶中的任何部分都显着灵动俏媚。假若没有这一对眼睛,她虽长得很匀称秀气,可就显不出她有什么特别引人注意的地方了。她的眼使她全身都灵动起来,她的眼把她所有的缺点都遮饰过去,她的眼能替她的口说出最难以表达的心意与情感,她的眼能替她的心与脑开出可爱的花来。尽管她没有高深的知识,没有什么使人佩服的人格与行动,可是她的眼会使她征服一切;看见她的眼,人们便忘了考虑别的,而只觉得她可爱。她的眼中的光会走到人们的心里,使人立刻发狂。

上述这段话,与其说老舍把人物的眼睛写活了,倒不如说人的眼睛本来就有这么大的魅力。这种"眼睛会说话""眼睛招人爱"的人,在现实生活中常常可以见到。

(2)目光"会说话",能传达细微、复杂、强烈的思想感情。黑格尔在《美学》中说:"不但是身体的形状、面容、姿态和姿势,就是行动和事迹,语言和声音以及它们在不同生活情况中的千变万化,全部要由艺术化成眼睛,人们从这眼睛里就可以认识到内在的无限的自由的心灵。"目光语所传达的极为细微、深邃、美妙、复杂的思想感情,有时连有丰富表现力的有声语言也无法胜任,无法替代。优秀的表演艺术家都非常重视"眼目传神",历来即有"上台全凭眼""一眼有神,满场皆活"等说法。人物的喜、怒、哀、乐、娇、痴、呆、傻、嗔、怨、恨、羞、骄、横、媚、俏、昏、灵等各种复杂感情,常常都是靠眼睛来表达的。据美国《华盛顿邮报》的一篇文章说:早先男女间的求爱表现出害羞、幼稚和局促不安。某位女士想引起某位男士的注意,就微微地低下头向一边歪,然后用一种或者说忸怩或者说卖弄风情的眼光去注视他。"忸怩"和"卖弄风情"这类细腻感情靠有声语言往往是难以传递的,而目光传递则常常"游刃有余"。另外,人们兴奋极了、气愤极了或悲伤极了时,来不及用言语表达,用言语也难以表达。这时,目光语就起到了极为重要的作用。请看下面的例子:

　　哙遂入,披帷西向立,瞋目视项王,头发上指,目眦尽裂。(《史记·项羽本纪》)
　　吴荪甫皱了眉头,嘴唇闭得紧紧地,尖利的眼光霍霍地四射。(茅盾《子夜》)
　　当下把个张三、李四吓得目瞪口呆……那跑堂儿的一旁看了也吓得舌头伸了出来,半日收不回去。(文康《儿女英雄传》)

"目眦尽裂",形容愤怒到了要"爆炸"的程度;"尖利的眼光",形容凶狠到了残忍的程度;"目瞪口呆"形容遭受猛烈打击已到了不能自持的程度,这里的目光语将各人强烈的感情完全表露了出来。

(3)自然流露的目光语,能反映人物的遭遇、性格和深层心理。目光语的运用分为有意识和无意识两种。无意识的目光语,是内心世界的自然表露,从这一点看来,也是"目如其人"。孟子说:"存乎人者,莫良于眸子,眸子不能掩其恶。胸中正,则眸子瞭焉。"(《孟子·离娄(上)》)鲁迅曾说过:"要省俭的表现一个人最好是画她的眼睛。"他笔下的祥林嫂初到鲁镇做工时,"只是顺着眼",表现出善良的性格。但是,经过夫死子亡之后,已经完全麻木、绝望,并且濒于死亡,这时"只有那眼珠间或一轮,还可以表示她是一个活物"。从这里可以看出目光对表现性格及深层心态所起的重大作用。

(二)目光语的运用艺术

据科学研究发现:眼睛是大脑在眼眶的延伸,眼球底部有三叉神经元,具有分析综合的能力。目光语的运用就眼睛自身的动作来说,包括瞳孔的变化(人极端兴奋时瞳孔就放大,反之则缩小),眼球的活动(急速思考对策时眼球转动就快,反之则慢),眼睑肌的运动(遇到感兴趣的人与事,眼睛睁大;不愿意理睬某人某事,就耷拉下眼皮),泪腺的分泌(过于激动时,眼泪像断线的珍珠般落下),这些都受了脑神经的支配。目光语的运用,还与交际者眼睛注视的部位、停留的时间长短、注视的方式和控制对方的眼神等有关。这几方面处理得好,交际效果就会好,下面我们将分别讲述。

(1)注意目光的投向。目光注视的部位不同,表明双方的关系不同,投入的信息也不同。亲密的注视,是注视对方两眼与胸部之间的三角形区域。社交的注视,目光停留在对方的双眼与腹部之间的三角区，但要注意各民族的习惯与文化背景。如南欧人常常把注视对方看成是冒犯；日本人在谈话时是注视对方的颈部，而不是面部。因此，在目光语交往中，一定要考虑文化差别的因素。另外，在同一民族，即使是"亲密注视"，注视妻子、儿子、兄弟姐妹的目光也有区别，这些都要灵活掌握。

（2）注意目光的时间。目光注视对方时间的长短，也是很有讲究的。长久不注视，则被认为是冷落对方，或者是对对方不感兴趣；长时间地盯着对方，也被认为是失礼的行为，或者是向对方挑衅。刚一注视就躲闪，则被看作是胆怯和心虚。在影片《列宁在1918》中，捷尔任斯基要卫队长看着他的眼睛，对方始终不敢看。这表现的是正义与邪恶的意志较量。美国的亚兰·皮兹说："有些人在与我们谈话时会使我们感觉很舒服，有些人却令我们不自在，有些人甚至会看起来不值得信任。这主要是与对方注视我们时间的长短有关。"亚杰的报告中指出，若甲喜欢乙时，甲会一直看着乙，这让乙意识到甲喜欢他，因此乙也就可能会喜欢甲。换言之，若想与别人建立良好的默契，应有60%到70%的时间注视对方，这会使对方也开始喜欢你。因此，不难想象，紧张、羞怯的人在注视他人时目光容易躲闪，不易被人信任。在谈判时，应避免戴深色眼镜，以免使对方感觉你在瞪着他。

（3）注意目光的视式。目光视式，确切地表明交际者的态度。当你对对方非常重视，或者在谈严肃的话题时，一般是正视；当你对某人表示轻蔑或者反感，就会采用斜视；当你对某人毫无兴趣甚至厌恶，就会采用耷拉眼皮的姿势。这都是很有讲究的。比如演讲者或教师，在发表演说或讲课时，一般要用正视，还要适当地配合扫视和环视，既显得庄重、严肃，又照顾得很全面，不会冷落了每一个角落里的听众或学生。

（4）控制对方的眼神。如果你是向对方讲解什么问题或传授知识，需要用图画、实物、手势作辅助，应设法控制对方的眼神。当然，主要是靠你的注视，使对方不便"走神"，觉得你时刻在"盯"着他，注视他，也可以用一支笔或教鞭指着图画或实物，同时念出所指的部分，并注意把笔或教鞭移到彼此目光的直线上。你注视对方是为了使对方聚精会神地接收你传递的信息，你想法控制对方的眼神也是出于同样的目的。

（三）不同情况下目光语的运用

俗话说："眼睛是心灵的窗户"，它是人体传递信息最有效的器官，而且能表达最细微、最精妙的差异，显示出人类最明显、最准确的交际信号。印度著名诗人泰戈尔曾说："在眼睛里，思想敞开或是关闭，放出光芒或是没入黑暗，静憩着如同落月，或者像忽闪的电光照亮了广阔的天空。那些自有生以来除了嘴唇的颤动之外没有语言的人，学会了眼睛的语言，这在表情上是无穷无尽的，像海一般的深沉，天空一般的清澈，黎明和黄昏，光明与阴影，都在自由嬉戏。"我们说眼睛是智慧的、善良的、凶恶的、冷漠的，一个人如何使用眼睛、眼睛与脸上其他部位的配合、目光持续的时间、眼睑的开闭、瞬时的眯眼，以及脸部和眼睛的其他许多细小变化和动作都能发出许多信息。

在社交过程中，与朋友会面或被介绍认识时，可凝视对方稍久一些，这即表示自信，也表示对对方的尊重。双方交谈时，应注视对方的眼鼻之间，表示重视对方及对其发言感兴趣。

当双方缄默不语时，就不要再看着对方，以免加剧本来因无话题就显得冷漠、不安的尴尬局面。当别人说了错话或显拘谨时，应马上转移视线，以免对方把自己的目光误认为是对其的嘲笑和讽刺。如果你希望在争辩中获胜，那就千万不要移开目光，直到对方眼神转移为止。送客时，要等客人走出一段路，不再回头张望时，才能转移目送客人的视线，以示尊重。

在谈判中也很讲究眼神的运用。一方让眼镜滑落到鼻尖上，眼睛从眼镜上面的缝隙中窥探，就是对对方鄙视和不敬的情感表露。一方在不停地转眼珠，就要提防其在打什么新主意。双目生辉，炯炯有神，是心情愉快、充满信心的反应，在谈判中持这种眼神有助于取得对方的信任和合作。相反，双眉紧锁、目光无神或不敢正视对方，都会被对方认为不自信，可能导致对自己的不利结果。

目光还可传递其他信息，一被人注视就将视线移开的人大多怀有相形见绌之感，有很强的自卑感。无法将视线集中在对方身上或很快收回视线的人，多半属于内向型性格。仰视对方，表示怀有尊敬、信任之意；俯视对方表示有意保持自己的尊严。频繁而急速地转眼，是一种反常的举动，常被用作掩饰的一种手段，或内疚，或恐惧，或撒谎，需要根据具体情况做出判断。视线活动多且有规则，表明其在用心思考。听别人讲话，一面点头，一面却不将视线集中在谈话人身上，表明其对此话题不感兴趣。说话时对方将视线集中在你身上时，表明他渴望得到你的理解和支持。游离不定的目光传递出来的信息是心神不宁或心不在焉。

眼神能表达出异常丰富的信息，但微妙的眼神有时只可意会，难以言传，只能靠我们在社会实践中用心体察、积累经验、努力把握，方能在社交中灵活运用。

二、微笑语

（一）微笑语的含义和功能

微笑是面部表情语的重要组成部分。那么，什么是微笑语呢？微笑语是通过略带笑容、不出声音的笑来传递信息的体态语言。微笑语是一种跨文化即超越文化的通用的体态语言。微笑的功能是多方面的：

（1）微笑能美化自我形象。微笑是健康长寿的途径，又是身体健康的标志。有所谓"笑一笑，十年少"的说法。不仅如此，微笑还可以美化人们的外形，陶冶人们的心灵。因此，发自内心的微笑，还是美好心灵的外现。外国一位著名的政治家曾说："一个人的微笑价值百万美元。"据调查，很多政治家、外交家、演员、公关小姐、运动员，他们事业上的成功，不仅因为他们有出众的才华，更重要的是他们拥有颇具魅力的微笑。

（2）微笑能改善交际环境。交际环境对交际成功有着重大的影响。构成交际环境的一个重要方面是人际关系。交际时人际关系并不都是很好的，有时交际的对象并不友善。遇到这种情况，交际者可以主动地用微笑语言去加以改变。改变这种环境，微笑比有声语言更方便，更直观，更得体，更有效。如卡耐基要求几千位工作人员做这样一件事：对他们周围每天遇见的人都报以微笑，并将结果反馈回来。不久后，他收到了纽约场外交易所斯坦哈特的来信说："现在，当我出门上班时，我微笑着向公寓电梯司机打招呼，我微笑着向门卫打招呼；在地铁票台要求换零钱时，我向出纳员微笑；当我来到场外交易所，我向同事们微笑。我发现人们很快就对我回以微笑。我以愉快的态度对待前来找我发牢骚、诉苦的人，我微笑着倾听他们的诉说。这样一来，我发现调整工作容易多了。微笑给我带来美元，每天都有很多。"斯坦哈特就是这样改变了所处的不良环境，和自己部下友善融洽、和睦相处。微笑给他带来了愉快的工作，微笑给他带来了经济效益。

（3）微笑能委婉和得体地达意。有时，人们要表达某种思想感情。但是在特定的时间里，只可意会，难以言传，这样可以用微笑来沟通双方的思想，完成交际任务。如周恩来总理在访问印度后归国的途中，在尼泊尔首都举行过一次精彩的记者招待会。会上有个外国记者提出了这样一个问题："周恩来总理，您日理万机，但身体依然很好，精力充沛，满面红光。您可否谈一下您是怎样生活的？"这对一位中国总理来说，是不大好回答的，可以说这是对智慧与机敏的考验。大谈特谈自己的私生活或是假装没有听见，"罔顾左右而言他"，这都是不合适的。周总理听完后，先是微微一笑，这个微笑中传递的是友善、轻松、有风度的信息。接着随口答道："我是按照东方民族生活方式来生活的"。这一笑一答，含蓄巧妙，立即赢得了热烈的掌声。

总之，微笑的魅力是多方面的，微笑能使"强硬的"变得温柔，"困难的"变得容易，"刁难的"变得通融，"对立的"变得和解，"疏远的"变得亲近，"友好的"变得更友好。微笑能弥补嫌隙，微笑能化解嗔怨，微笑能增进友谊，微笑能招财进宝。微笑是一种能够沟通双方情感的桥梁。

（二）微笑语言的运用艺术

在运用微笑语传情达意时，要做到以下几点：

（1）要笑得自然。微笑是发自内心的，是美好心灵的外现。这样才能笑得自然、笑得亲切、笑得美好、笑得得体。不能为笑而笑，无笑装笑。生活当中很多人为了应付差事而"挤"出来笑容，是假装出来的，是皮笑肉不笑的。

（2）要笑得真诚。微笑语既是自己愉快心情的外露，也是纯真之情的奉送。它意味着："我喜欢你，你使我高兴，见到你很愉快。"真诚的微笑令对方内心产生温暖，有时还可能引起对方的共鸣，共同陶醉在欢乐之中，加深双方的友情。例如，在著名的《唐伯虎点秋香》的故事中，正是秋香的"三笑"点燃了唐伯虎内心的爱情。秋香对唐伯虎的微微一笑，在唐伯虎看来，是非常真诚的、美好的。尤其是第二次、第三次的笑，秋香更是真诚，两人用微笑交流着深深的爱恋之情。

（3）要笑得合适。微笑并不是不讲条件的，也并不是可以用于一切交际环境。它的运用是很有讲究的，这讲究就是艺术。

首先，场所要合适。当你出席一个庄严的集会，去参加一个追悼会，或讨论重大的政治问题，自然不宜微笑。当你同对方谈一个严肃话题，或者告之对方一个不幸的消息时，或者你的谈话使对方感到不快时，也不应该微笑，或者应及时收起笑容。

其次，程度要合适。微笑能向对方表示一种礼节，一份尊重；也是自己仪容的展现。但也有一个程度问题。笑得太放肆，太过分，太没有节制，就会有失身份，引起对方的反感。如果一笑而过，也同样收不到好的效果。总之以适度为宜。

再次，对象要合适。对不同的交际对象，应使用有不同含义的微笑，传达不同之情，表达不同之意。对恋人，微笑是递送爱慕之情；对同事、朋友、顾客，微笑是传达友好之意；对长辈，微笑是表示尊敬；对晚辈，微笑表示慈爱；对敌对者的笑与上述微笑不同，是一种冷笑、讥笑，带有轻蔑、讥讽、鄙视等种种含义。

情境六　其他态势语

一、首　语

首语，就是通过头部活动所传递的信息。它包括点头、摇头、侧头、昂头、低头等。这里说的首语，是指头部的整体活动所传递的信息。首语的表现力也是比较强的。

点头，可以表明这样一些意思：如表示致意；表示同意；表示肯定；表示承认；表示赞同；表示感谢；表示应允；表示满意；表示认可；表示理解；表示顺从。

摇头可以表达这样一些意思：表示不满；表示怀疑；表示反对；表示否定；表示拒绝；表示不同意；表示不理解；表示无可奈何等。

歪头（侧头）也有多种义项：表示思考；表示天真，如小孩子在听大人谈话或思考一个问题时，喜欢歪着头，并配合托着面腮、咬着手指等动作。

昂头表示的义项有：充满信心；表示胜利在握；表示踌躇满志；表示目中无人；表示骄傲自满。头一直往后仰，还表示陶醉。如鲁迅笔下三味书屋的那位老先生，一边念"铁如意，指挥倜傥……"一边"将头仰起，摇着向后面拗过去，拗过去。"

低头表示的义项有：表示顺从；表示听话；表示委曲；表示无可奈何；表示另有想法；等等。

在首语方面，我国有很多成语，既是对用法的总结，也是一种真实的写照。如点头哈腰、昂首阔步、搔首弄姿、俯首低眉、俯首贴耳、摇头晃脑、探头探脑、缩头缩脑等。

首语的运用要做到这样几点：一是动作要明显，尤其是当它发挥替代功能时，如到底是点头还是摇头，动作要稍大些，让对方看清，正确领会，正确解读，不能似是而非，造成误解。二是注意配合其他交际语言使用，如点头时配合一个"嗯"，就不至于误会。也可以配合其他体态语使用，有些成语就体现了这一特点，如"点头哈腰""昂首阔步"就是配合了其他体态语。三是注意民族习惯。如塞孟人表示同意是将头向前伸，土耳其人表示否定是把头抬起，特别是保加利亚和印度的某些地方，他们用点头表示否定，用摇头表示肯定，与我们恰好相反。同这些民族的人交际时，先要弄清他们首语的用法，以免闹笑话。

二、手势语的运用

手势语也是一种表现力很强的体态语言,是传情达意的有力手段之一。手势语十分丰富,能表示各种意义。它常常被用来弥补有声语言的不足,起辅助或者强化作用。请看克洛德·迪隆的《戴高乐在爱丽舍宫》中,是这样描述法国前总统戴高乐的手势语的:

> 当他进行公开演说时,他的习惯动作是两臂向上在空中画V字形。在记者招待会上,他的动作比较节制,其目的只是为了强调他的讲话,说得形象些,是要把它捏成形。"揉面"一词经常出现在他的词汇里。他正是模仿揉面的动作,小胳膊不断地在空中画着弧形,两只手微微弯曲成杯形,好像他真的在糅合文字和宇宙这两块面团似的。

这段文字告诉我们,戴高乐的手势语幅度大,使用很频繁,很成功。这个例子表明,手势语能给人以鲜明突出的视觉形象,极大地强化了有声语言传递的信息。正如古罗马的政治家西塞罗指出的:"一切心理活动都伴有指手画脚等动作,手势恰如人体的一种语言,这种语言甚至连最野蛮的人都能够理解。"

我们在日常交际活动中,手势语言的运用范围很广,使用频率也相当高。如在街上"打的"时,用招手表示呼唤;当应答是否需要某件东西时,用摇手表示不需要或者谢绝;大会征求意见时,举手表示赞同或支持;当不能满足对方要求时,用搓手表示为难;还用叉手表示自信心和优越感;用摊手表示坦诚或无可奈何;用拱手表示行礼或者道谢;用背手表示闲适或正在思考;等等。

下面,我们对手指语、握手语、鼓掌语、挥手语的运用做简单的介绍。

(一)手指语的运用

手指语是通过手指的各种动作传递信息的体态语言。这种体态语言从古至今在交际活动中经常使用。请看下面的例子:

指天日涕泣,誓生死不相背负。(韩愈《柳子厚墓志铭》)

操以手指玄德,后自指,曰:"今天下英雄,惟使君与操耳!"(罗贯中《三国演义》第二十一回)

车夫们听见了,一齐拉着车围拢来,问他到什么地方。他稍微昂起了头,似乎增加了好几分威严,伸出两个指头扬着说:"只消两辆!两辆!"(叶圣陶《潘先生在难中》)

从以上的例子来看,手指语的表意也是很丰富的。"指天日"是强化表达"誓死"不变的心愿;曹操的手指语是用来明确指称对象;潘先生伸出两个指头也是为了辅助数数。在语言不通的情况下,手指语还有替代功能。例如:

一批台湾油漆工到士林美国学校工作,一个大约十五六岁的美国女孩向大伙儿走来,语言不通,但是表情丰富,又用手做出数钞票的样子,然后伸出两只手一比一名油漆工掏出了三十块钱给她,那洋妞心满意足地跑开了。(《台北的"伸手帮"》

美国女孩的手指比划则完全发挥了手指语的替代功能。手指语还有一种社会、民族约定俗成的传递信息的功能，这为交际带来了方便。在我国，一般表示特别称赞时常常是翘起拇指，其余四指蜷曲。这是因为人们在数数字时，先按下大拇指，于是大拇指就被认为是"第一"，这与"最好"一词有着紧密的语义联系。同样，以翘起小手指表示蔑视、贬义。

手指语言运用应做到以下几点：

（1）看语境。如在庄重和谐的场合，伸直食指指向对方就显得对对方不尊重；在怒火满腔的情况下，直指对方就非常有力，加强了有声语言的表达效果；在长辈、上级面前说话，一般不宜用手指语，更不应把手指捏得呱呱响；在一般社交场合，也不应该用拇指和中指、食指打出响声，但在招呼自己非常亲密的朋友时是可以的。

（2）不要滥用手指语。在与别人交谈时，做出不友好的手势动作会引发意料不到的后果。请看这样一个例子：

美国前总统门罗在白宫举行宴会，招待常驻美国和来美国访问的外交官。法国外长德·塞胡赫尔伯爵坐在英国外交大臣查尔斯·沃恩爵士的对面。查尔斯·沃恩发现，自己每讲一句话，法国外长总要咬一下大拇指。沃恩越来越感到气愤。后来，他实在忍无可忍，便问德·塞胡赫尔："你是在对我咬指头吗？先生？""是的。"德·塞胡赫尔回答道。说时迟那时快，两人拔剑各自冲向对方。就在两位外长快要交手之际，门罗总统的剑已经架在中间。一场恶斗就这样被制止了。

这一严重事件虽然有深层次的原因，但起因则是"手指语"，而且后果显然也不是交际者所愿意看到的。

（3）手指使用的频率、摆动的幅度等都要讲究，如果频率过多、幅度过大，轻则给人以缺乏修养的印象，重则会给人以张牙舞爪的感觉。

（二）握手语的运用

握手语是通过交际双方以手相握来传递信息的体态语。握手语是信息的双向交流，能表达许多复杂微妙的思想、感情，是现代交际活动中不可缺少的礼节和手段。握手礼演变到今天已经变成初次认识时惯常使用的动作。莫里斯曾经研究过握手的演变过程："在古罗马，握手曾被视为一种推崇对方荣誉的动作……这种动作过了几百年后才广为流传，主要原因是由于工业革命，受到中产阶级普遍推广的结果。"当时的商人以握手来表示"就这么说定！"或"达成协议！"这是由尊重对方、信任对方，加上外交含义所组成的一种非对白语言（不说话），所以在今天一般社交场合中，握手是我们常看到的动作。

美国盲人女作家海伦·凯勒曾经说过："我接触过的手，虽然无言，却极有表现力，有的人握手能拒人千里，握着冰冰的手指，就像和凛冽的北风握手一样。而有些人的手却充满阳光，使你感到温暖。"所以，握手虽然是个极简单的行为，却传递出不同的作用。如表示友情；表示祝愿；表示诚意；表示谅解；表示合作；表示期待、鼓励；表示欢迎；表示告别；表示信心；表示感谢；表示挑战；表示达成协议；表示握手言欢；表示结束不愉快；表示试探对方；等等。

握手语的运用技巧：

（1）握手语的运用是多方面的，需要遵守一些规定。李斌的《国际礼仪与交际礼节》一书中这么说：一般在相互介绍和会面时握手。遇见朋友先打招呼，然后互相握手，寒暄致意。关系亲近的则边握手边问候，甚至两人双手长时间地握在一起。在一般情况下，握一下即可，不必用力。但年轻者对年长者，身份低者对身份高者则应稍稍欠身，双手握住对方的手以示尊敬。男子和妇女握手时，往往只握一下妇女的手指部分。握手也有先后顺序，应由主人、年长者、身份高者、妇女先伸出手，客人、年轻者、身份低者见面先问候，待对方伸手再握。

多人同时握手注意不要交叉，待别人握完再伸手。男子在握前应先脱下手套摘下帽子。握手时双目注视对方，微笑致意，不要看着第三者握手。

这些规定是需要遵守的。这里有配合其他体态语的问题，有具体握法（部位）的问题，有先后顺序的问题，有时间长短的问题，有掌握力度的问题。当然，具体运用时还有很大的灵活性。

（2）握手时要注意对方的反应。握手是交际双方直接的身体接触，是一种微妙的思想情感的交流，带有很大的试探性，也有很强的可感性。所以，远远不只是简单的礼节表示，也不是单种信息的传递。因此，要敏锐地注意对方的反应。在社交时，你伸出手然后握住他人的手，如果你能立即感受他人的反应，这对理解对方的态度和决定自己的言行都是非常有利的。人在　生中，握手的次数是很多的。我们建议当你在握手时，不妨配合眼睛的接触，一方面你可以借着眼中所流露出的是否真诚来加强或减弱握手的力量，另一方面可以观察对方和你握手时的反应如何。多练习几次，你会了解到自己的手带给别人的是什么样的感觉；也会清楚和别人握手时给了自己什么样的感觉。

（3）注意握手的多义性。当你遭受挫折或者蒙受委曲时，旁人不理解你，疏远、冷淡甚至嘲笑、奚落你的时候，以往你不看好的朋友向你表示珍贵的理解和鼓励，这时你可以不说什么话，只要紧紧地握住对方的手。这时你传出的信息是丰富的：有道歉、有感激、有惊喜，也有表示"请看我的行动"的含意，真可谓"此时无声胜有声"。

（三）鼓掌语的运用

鼓掌语是交际者通过双手相拍发出声响传递信息的体态语言。它在交际中也经常用到。

鼓掌语有以下三个特点：

第一，它的表意相对来说显得单纯些，不如握手那么复杂。一般传递两种信息：一种是正面的，表示欢迎、感谢、支持、称赞等；一种是反面的，表示不满，喝倒彩、鼓倒掌（但这样用法不大文明）。

第二，鼓掌一般是用来代替口头语言传达信息，替代功能显得突出。一般鼓掌时不用说话，鼓掌本身就是"表态"。

第三，鼓掌语更多的时候是用在大庭广众之下，表示群体的一种意向和态度。这种时候不需要每人都说一番话，限于人多，也没有条件让每人都说一番话。

下面略举几例加以分析：

1990年11月2日，"全国对外宣传工作会议"在北京召开。江泽民、李瑞环等同志会见全体代表。在代表们的一片掌声中，江泽民、李瑞环等同志也高举着双手鼓掌。代表们的鼓掌是表达感激和致敬；江泽民、李瑞环的鼓掌是表示问好和回礼。

在原苏共第十九次全国代表会议上，莫斯科市委书记别利亚尼诺夫在发言时只讲有关改革的一般原则，对莫斯科党组织工作中存在的问题轻描淡写没有讲出什么实质性的东西。代表们用掌声反对这种令人生厌的"废话"，但别利亚尼诺夫仍不醒悟，台下掌声变得更加激烈，直到把他哄下台去。这里的鼓掌是表示抵制、厌恶和驱逐，是鼓倒掌。鼓掌与体态语相同，但所传递的信息各有不同。

运用鼓掌语，要注意以下几点：

（1）分别情况，运用不同程度的鼓掌。一般来说，有三种程度的鼓掌：第一种是应酬式的，动作不大，声音较轻，时间不长，仅仅表示一种礼貌；第二种是激动式的，这种发自内心的鼓掌，动作较大，声音较响，时间较长，常用"热烈"来形容；第三种是狂热式的，心情难以抑制时使劲鼓掌，动作大，声音响，时间长，常以"暴风雨般的""雷鸣般的"来形容。要区别情况加以使用。

（2）把握时机，在该鼓掌的时候鼓掌。在别人讲话未告一段或意思没有说完时，在文艺节目的表演过程中，在表演处于惊险状态时，不要鼓掌，等表演完后再鼓掌，以免妨碍讲话、表演的进行。

（3）根据场合和对象，决定鼓掌还是不鼓掌。鼓掌既是一种礼仪，又是一种道德风尚。在看表演或比赛时，对双方都要尊重，要报以同样的掌声，给观众与客方留下良好印象。在非常亲密的同志之间，就不必鼓掌。

（四）挥手语的运用

举起或挥动手臂来传情达意，称为挥手语。我们在电影、电视中常会看到：战场上要冲锋时，指挥员往往右手一挥，高喊"冲啊！"时，总是将手臂向上方高高举起，向前挥动。这不仅给战士指明了冲锋的方向，还给人以锐不可当、所向披靡的坚定气势，强化了有声语言的效果。

挥手语的作用主要有以下几种：

（1）表示正确的决断、坚定的信心和一往无前的精神。据有关历史资料记载，两千多年前，马其顿国王亚历山大率军在远征途中，全军因断水面临崩溃的危险境地。在这危难关头，亚历山大在战马上作鼓动演说："勇敢的将士们，我们只要前进，就一定会找到水的。"他边说边把右臂高高地向上方举起，张开五指，然后迅猛而有力地挥下，给人无可置疑之感。接着，他又说："壮士们，勇敢前进吧！"他边说边又把手臂往后收回，然后，迅速有力地将五指分开的手掌，猛地推向前方。

（2）表达依依惜别之情和对告别者的安慰和鼓励。这种用法古代就有，著名长诗《孔雀东南飞》中的"举手长牢牢，两情同依依"，形象地表达了刘兰芝和焦仲卿离别时的惆怅和恋念。

（3）激发听众的情绪，使听众产生巨大的鼓舞。如影片《为了和平》中的进步教授江浩（已故著名演员赵丹饰），在一次精彩演讲结束前自豪地说："举起你的双手吧，迎接东方地平线上的太阳！"配合这有声语言，他昂首挺胸，将双手向前高高举起，似乎在托起一轮初升的太阳，给国民党统治区的群众以极大的鼓舞。

挥手语是一种很有表现力的体态语言，但它使用的频率不宜太高。运用时要根据情况的允许和表情达意的需要，不可到处乱用，不可生搬硬套。那样不仅收不到好的效果，还有可能弄巧成拙。

四、界域语

在交际中，空间位置和距离对交际产生一种媒介效果。专门从事这项研究的学者称为空间语或空间界域语。西方学者萨姆瓦说："个人空间，我们所占有的称作自己的宇宙的那一部分，包含在我们周围那看不见的界域中——并且由我们来决定谁可以和为什么踏入这一界域。当我们的空间未经允许而被侵犯的时候，我们便以各种各样的方式做出反应。退让着回避，或停立在那儿，双手都因紧张出汗而变得潮湿，或者有时以一种激烈的方式反应出来。"人们都有自己的"个体空间"，社会交往也有一个成文或不成文的空间划定。前者如在公共汽车里，人少时各人总是尽量拉开距离坐。如车上上来三个人，他们一般不坐在一排，甚至不集中坐在车厢一头。又如到图书馆去自习，遇到了你的好朋友在时，你会靠近些坐；如果遇到陌生人时，你会离他远一些。为什么呢？这就是一种疏离心理，尽量维护自己的"个体空间"。国外心理学家在研究中将交际空间分为亲密界域（夫妻）、较亲密界域（父母子女）、社交界域（同学、同事、朋友）和大众界域（指一般交往或陌生人之间）。

空间界域体现着一种人际关系，传达着一种社交信息。生活中常有这样的事，如果一个熟人来找你交谈，他挨着你坐，或者将椅子靠近，这显然是在"套近乎"，对你有所求。如果你同他谈话，他却在离你较远的地方坐下，或者谈话中将椅子后移，这就表示疏远、回避，或者对你谈话的内容不感兴趣。恋人之间在一起时距离的远近常常是爱情成熟与否的标志，两人从面对面交谈到并肩而坐或并肩而行，再到拥抱接吻，这从空间距离的由远而近表明爱情已趋成熟。

当然，在实际交往中，影响空间位置的因素还很多。就拿乘坐公共汽车来说，如果是夜里11点上车，你会离原来在车上的人稍近些，他也不会生厌。因为这样彼此可以做伴，减少孤独与害怕。如果对方是个小孩，你可以挨他近些坐，用意是关心保护他，他观察你无恶意时可能在心理上就不抵触，也不认为是"空间侵犯"。这与民族和文化也有关系，比如拥挤在一起是日本人用来表示温暖和亲热的一种方式，在某些时候，日本人乐于拥挤。阿拉伯人喜欢触摸，甚至不拒绝用鼻子嗅他们同伴身上散发出来的气味，认为拒绝吸入朋友呼出的气味是不礼貌的。

五、手 语

手是人体上富有灵性的器官。如果说"眼睛是心灵的窗户",那么手就是心灵的触角,是人的第二双眼睛。手势在传递信息、表达意图和情感方面发挥着重要作用。

常见手势有如下几个:

(1) "OK"的手势。拇指和食指合成一个圆圈,其余三指自然伸张。这种手势在西方某些国家比较常见,但应注意在不同国家其语义有所不同。如在美国表示"赞扬""允许""了不起""顺利""好";在法国表示"零"或"无";在印度表示"正确";在中国表示"零"或"三"两个数字;在日本、缅甸、韩国则表示"金钱";在巴西则是"引诱女人"或"侮辱男人"之意;在地中海的一些国家则是"孔"或"洞"的意思,常用此来暗示、影射同性恋。

(2) 伸大拇指手势。大拇指向上,在说英语的国家多表示"OK"之意或是搭车之意;若用力挺直,则含有骂人之意;若大拇指向下,多表示坏、下等人之意。在我国伸出大拇指这一动作基本上向上伸是表示赞同、一流、好等,向下伸是表示蔑视、不好等之意。

(3) "V"字型手势。伸出食指或中指,掌心向外,其语义主要表示胜利(VICTORYD 第一个字母)。掌心向内,在西欧表示侮辱、下贱之意。这种手势还时常表示"二"这个数字。

(4) 伸出食指手势。在我国及亚洲一些国家表示"一""一个""一次"等;在法国、缅甸等国家则表示"请求""拜托"之意。在使用这一手势时一定要注意不要用手指指人,更不能在面对面时用手指着对方的面部和鼻子,这是一种不礼貌的动作,容易激怒对方。

(5) 捻指作响手势。就是用手的拇指和食指弹出声响,其语义或表示高兴,或表示赞同,或是无聊之举,有轻浮之感。应尽量少用或不用这一手势,因为其声响有时会令他人反感,或觉得没有教养,尤其是不能对异性运用此手势,这是挑衅、轻浮之举。

【情境案例】

(一)

风景秀丽的某海滨城市的朝阳大街,高耸着一座宏伟楼房,楼顶上"远东贸易公司"六个大字格外醒目。某照明器材厂的业务员金先生按原计划,手拿企业新设计的照明器材样品,兴冲冲地登上六楼,脸上的汗珠未及擦一个,便直接走进了业务部张经理的办公室,正在处理业务的张经理被吓了一跳。"对不起,这是我们企业设计的新产品,请您过目。"金先生说。张经理停下手中的工作,接过金先生递过的照明器,随口赞道:"好漂亮啊!"并请金先生坐下,倒上一杯茶递给他,然后拿起照明器仔细研究起来。金先生看到张经理对新产品如此感兴趣,如释重负,便往沙发上一靠,跷起二郎腿,一边吸烟一边悠闲地环视着张经理的办公室。当张经理问他电源开关为什么装在这个位置时,金先生习惯性地用手搔了搔头皮。好多年了,别人一问他问题,他就会不自觉地用手去搔头皮。虽然金先生作了较详尽的解释，张经理还是有点半信半疑。谈到价格时，张经理强调："这个价格比我们预算高出较多，能否再降低一些？"金先生回答："我们经理说了，这是最低价格，一分也不能再降了。"张经理沉默了半天没有开口。金先生却有点沉不住气，不由自主地拉松领带，眼睛盯着张经理，张经理皱了皱眉，"这种照明器的性能先进在什么地方？"金先生又搔了搔头皮，反反复复地说："造型新、寿命长、节电。"张经理托辞离开了办公室，只剩下金先生一个人。金先生等了一会，感到无聊，便非常随便地抄起办公桌上的电话，同一个朋友闲谈起来。这时，门被推开，进来的却不是张经理，而是送客的办公室秘书。

思考题：

请指出金先生的失礼之处。

（二）

第二次世界大战时期著名反间谍专家奥莱斯特·平托上校使一名狡猾的纳粹间谍现形了。

当时盟军部队已经进入比利时，德军仓皇溃退。一天，两名士兵在驻地附近逮捕了一个叫艾米里约·布朗格尔的人。平托上校感觉到：这个人的穿着和谈吐虽然是典型的北方农民，口音也是地道的瓦隆地区（比利时某地区）的土音，但他粗壮的颈部和魁梧的运动员体型，与当地常见的惰性十足的人截然不同，于是决定对他进行审讯。

第一次审讯：

问：你是农民吗？

答：过去是，现在不是。德国鬼子抢走了我的牲畜，杀死了我的家人。

问：会数数吗？

答：数数？

问：对，把桌上这盘豆子数一数吧。

答：一、二、三……（慢慢地用法语数）

在第一次审讯中，上校未发现任何破绽，但仍不气馁，决定进行第二次审讯。这次审讯换用了特殊的方式：他派人在布朗格尔的住处放了几捆草，一个士兵点着了后，烟从门的下面进到了屋里，值勤的士兵用德语大喊："着火了！"布朗格尔惊醒，动了动，又睡了。接着平托上校用法语大声喊道："着火了！"布朗格尔一下子跳了起来，绝望地敲打着门。这一次，上校仍未发现破绽。

第三次审讯，上校又用了新的方案。在布朗格尔被带来时，上校拿起一支从他身上搜出的铅笔。

问：你带这个干什么？

答：不就是支铅笔吗？

问：用他来写情报？

答：（流露出不屑回答的样子）

"可怜的家伙"上校用德语向身边的军官说，军官也用德语反问："为什么？"上校说："他还不知道明天上午就要被绞死，已经 21 点了。他肯定是个间谍，不会有别的下场。"

平托上校一边说一边用眼睛斜视布朗格尔，特别注意他的眼睛和喉头。但布朗格尔没有任何表示，他以神态证明自己不懂德语。很明显，第三次审讯没有结果，到此为止，上校几乎绝望了，开始怀疑自己以前的判断。但直觉让他进行最后一次审讯——第四次审讯。如果再没有突破，就决定立即释放了。

最后一次审讯是这样进行的：当布朗格尔像平时一样走进平托上校的办公室时，上校装作正在看一份文件，看完后拿起铅笔在上面签了字，然后抬起眼睛突然用德语对布朗格尔说："好啦，我满意了，你自由了，现在就可以走了。" 布朗格尔长长地出了一口气，动了动肩膀，像是卸了一个沉重的包袱，他仰起脸，眼睛放着光，愉快地呼吸着自由空气。当他发现平托上校嘲笑的眼光时，一切都已经晚了，身后的士兵已紧紧地抓住了他。

讨论题：

阅读了此案例，你有何感想？

【情境演练】

一、课前准备

教师通知学生准备：女生高跟鞋、男生制式皮鞋。

二、活动目的

使学生培养良好的职业仪态。

三、活动步骤

1. 教师示范正确动作。
2. 学生分为若干组，对镜练习。
3. 小组集体展示，同学点评，老师总结。

【情境延伸】

从肢体动作测试个性

1. 你何时感觉最好：
A. 早晨　　　　　　B. 下午及傍晚　　　　C. 夜里

2. 你走路时是：
A. 大步地快走　　　B. 小步地快走　　　C. 不快，仰着头面对着世界
D. 不快，低着头　　E. 很慢

3. 和人说话时，你会：
A. 手臂交叠地站着　B. 双手紧握着　　　C. 一只手或两手放在臀部
D. 碰着或推着与你说话的人
E. 玩着你的耳朵、摸着你的下巴、或用手整理头发

4. 坐着休息时，你会：
A. 两膝盖并拢　　　B. 两腿交叉　　　　C. 两腿伸直
D. 一腿卷在身下

5. 碰到你感到发笑的事时，你的反应是：
A. 一个欣赏的大笑　B. 笑着，但不大声　C. 轻声地咯咯笑
D. 羞怯地微笑

6. 当你去一个派对或社交场合时，你会：
A. 会大声地入场以引起注意
B. 安静地入场，找你认识的人
C. 非常安静地入场，尽量保持不被注意

7. 当你非常专心工作时，有人打断你，你会：
A. 欢迎他　　　　　B. 感到非常恼怒　　C. 在上面两极端之间

8. 下列颜色中，你最喜欢哪一颜色：
A. 红或橘色　　　　B. 黑色　　　　　　C. 黄或浅蓝色
D. 绿色　　　　　　E. 深蓝或紫色　　　F. 白色
G. 棕或灰色

9. 临入睡的前几分钟，你在床上的姿势是：
A. 仰躺，伸直　　　B. 俯躺，伸直　　　C. 侧躺，微蜷
D. 头睡在一手臂上　E. 被盖过头

10. 你经常梦到你：
A. 落下　　　　　　B. 打架或挣扎　　　C. 找东西或人
D. 飞或漂浮　　　　E. 你平常不做梦　　F. 你的梦都是愉快的

现在将所有分数相加，再对照后面的分析分数

1.（A）2（B）4（C）6
2.（A）6（B）4（C）7（D）2（E）1
3.（A）4（B）2（C）5（D）7（E）6
4.（A）4（B）6（C）2（D）1
5.（A）6（B）4（C）3（D）5
6.（A）6（B）4（C）2

7.（A）6（B）2（C）4
8.（A）6（B）7（C）5（D）4（E）3（F）2（G）1
9.（A）7（B）6（C）4（D）2（E）1
10.（A）4（B）2（C）3（D）5（E）6（F）1

结果分析

（1）得分在21分以下是内向的悲观者。你是一个害羞的、神经质的、优柔寡断的人。需要人照顾，要别人为你做决定，不想与任何事或任何人有关。杞人忧天，看不到存在的问题。有些人认为你令人乏味，只有那些深知你的人了解你不是这样的人。

（2）得分在21分到30分之间是缺乏信心的挑剔者。你勤勉刻苦，很挑剔，是一个谨慎、缓慢又勤劳工作的人，但犹疑不定，难做决断。

（3）得分在31分到40分之间是以牙还牙的自我保护者。你是明智、谨慎、注重实效的人，也是一个伶俐、有天赋且谦虚的人。不会很快和人成为朋友，但却是一个对朋友非常忠诚的人，同时要求朋友对你也以忠诚回报。

（4）得分在41分到50分之间是平衡的中庸者。别人认为你是一个有活力的、有魅力的、幽默的和讲究实际的人，也经常是公众注意力的焦点。你亲切、和蔼、体贴、能谅解人，是一个会使人高兴起来并乐于助人的人。

（5）得分在51分到60分之间是吸引人的冒险家。你是一个令人兴奋的、活泼的、易冲动、愿意尝试机会并欣赏冒险的人，做决定很快，是一个天生的领袖。

（6）得分在60分以上是傲慢的孤独者。你是一个有支配欲、统治欲、自负的、以自我为中心的人。人们不会相信你，会对与你更深入地交往有些犹豫。

模块五　语言美的塑造

【知识目标】

◇认识语言美在职业形象塑造中的重要性
◇认识语言美与职业形象的关系
◇认识声音管理的方法

【能力目标】

◇掌握职场人士应该具备的语言规范
◇掌握声音管理的方法

【素质目标】

◇培养鉴赏、表达的美感素养

语言是人们传递信息、沟通感情的主要手段，常常和人的衣着、相貌、举止一起构成判断一个人有无教养与品位高低的外在标准。在人际交往日益频繁的今天，口才与交际能力是人们生存的需要，是提高素质、开发潜能的主要途径，是驾驭生活、改善人生的无价之宝。

"良言一语三冬暖，恶语伤人六月寒"是对口语交际效果的最好概括。要达到社会交际的目的，首先要有话说，其次要把话说好听，使听的人不但听得懂，而且听得顺耳。娓娓动听的词语、温和悦耳的语调、富于乐感的节奏、幽默诙谐的语气，把语言的形式和内容紧密结合起来，既提高了双方的沟通效能，又增加了自身的形象魅力；粗鲁无礼、呆板生硬、强词夺理的话语，不仅伤害他人的情感、恶化人际关系，而且会严重损害自己的个人形象。因此，秘书人员应该掌握谈话的艺术。秘书汇报工作、传达指令、介绍情况、交流信息、发表意见、提出建议、接待来访等，都要说话。虽然人人都会说话，但要在各种不同场合把话说得恰到好处，达到交流和办事的目的，却是一种艺术、一种水平。秘书说话应做到鲜明准确、简练平实，让人一听就懂，还要讲究文明礼貌，体现亲和力。不然，会有损自己形象，有损公司形象。

如果说行为举止塑造一个人的外在形象，那么语言谈吐则塑造人的智慧和灵魂。在外在形象的诸多构成要素中，虽然行为举止、仪表仪态与人的内在涵养不可分，但语言谈吐更能全面、深刻地展示一个人的综合素质。因为谈吐能力是以渊博的知识、严密的思维、富于哲理的思想、高深的文学素养等为支柱的。从这个意义上说，谈吐是一个人外在形象的无形"外衣"，她同有形的外衣、相貌举止一起，构成了外在形象的全部内容。

情境一　塑造声音美

声音的表现和影响力，一方面取决于人的嗓音，有的人得天独厚，嗓音动听悦耳，有的人先天条件可能差一些，但这并不是决定因素，重要的是声音中的情感因素和声调因素的运用。声音条件不理想的人照样也能成为讲话动听的人，关键是看后天如何训练。

一、提高声音的表现力

说话自然，声音坚定有力、富有弹性；

尽量运用语调的变化、速度的变化和语言的变化，让语言染上动人的色彩，让声音出于自然的感情流露；

应做到主次分明，突出重点，展示通过声音所表现出来的自信、热情和信心。

二、训练声音的语调

人讲话的声音，就像乐器弹奏出的音乐。人们可以从音乐的调子中感觉出其中蕴含的感情：快乐、忧郁、悲伤、愤怒、不满、低落、兴奋、关爱……，而语调就像是声音的调子，通过我们的语调，交谈对象可以知道其心情的好坏，以及所表达的感情。与人交谈时应该注意以下四点：

（1）语速。语速适中，过快或过慢都会让人产生不适感。

（2）音量。适当的音量反映出一个人的修养。

（3）音调。音调的适当运用可以辅助情感的表达。

（5）音强。不同的场合要求讲话者表现出不同的感情，这就要通过音强来表现。

情境二　塑造语音美

中国有许多不同的方言区，彼此之间的发音差异很大。作为职业人士要想在人际交往中体现良好的语言形象，就必须掌握流利的普通话。

来自不同方言区的人，运用普通话表达时有不同的难点，这里列出比较普遍的几个，并介绍校正的方法。

一、方音校正中的几个难点（影响语音面貌的标志音）

n / l 不分

z / zh　　c / ch　　s / sh 不分

z / j　　c / q　　s / x 不分

en / eng　　eng / ong 不分

校正方音，美化个人形象。

常见的方音辨正问题有如下几类：

（一）n / l 不分

主要问题在 n 上。校正方法：体会 n 的发音特点，形成 n 的发音意识。

（1）掌握 n 的发音方法。借用汉字"安 an""啊 a""安娜 anna"体会 n 的发音方法。反复练习 an ＋ a → ana → anna → na。或者借用英语字母 n 的发音[en]，也可以体会到 n 的发音方法。做这种练习的时候，要注意将舌尖顶在上齿背和上齿龈的结合处，同时要加入鼻腔共鸣。

（2）运用"偏旁类推法"记忆。学会 n 的发音方法以后，并不等于就解决了 n/l 不分的问题，事实上，很多学习者并不是不会发 n 这个音，而是记不住哪些词（汉字）是以 n 做声母。我们建议从记忆以 n 做声母的汉字入手，先识别这种汉字的发音，通过反复地朗读，记住这些词，然后逐步在口语中发准它们。下面各组汉字的第一个汉字都是以 n 做声母，而以这些汉字作偏旁的汉字（括号中字）的声母也是 n。这种方法叫做"偏旁类推法"

那：（哪、挪、娜）

乃：（奶）

奈：（萘、捺）

南：（喃、楠、蝻）

脑：（恼、瑙）

内：（讷、呐、衲、钠）

尼：（泥、呢、妮、怩）

倪：（霓、猊、睨、鲵）

念：（捻、鲶、埝）

捏：（涅、陧）

聂：（蹑、镊、嗫）

宁：（拧、柠、狞、泞、咛）

扭：（纽、钮、忸、妞）

农：（浓、脓、侬、哝）
奴：（怒、努、弩、猞、驽）
诺：（喏、锘）
懦：（糯）
虐：（疟）

用此法可以记住一批 n 声母的字，可使 n/l 不分的问题明显改观。

（二）z/zh、c/ch、s/sh 不分

在这一项上有两个关键问题，一个是不会发卷舌音，一个是不知道哪些汉字应该发卷舌音。

发卷舌音的关键是把舌尖卷起，可是很多没有这种发音习惯的人很难卷起舌尖。我们的经验是用音节 de 引导。由于发音节 de 的时候，舌尖必然向后方移动，可以借势将舌尖向后上方卷起，在这种舌位下发 zh、ch、sh、r 就都容易了。具体练习是：

de → zhi　　de →chi　　de→shi　　de→ri

解决不知道哪些汉字的声母为卷舌音的问题，可以使用"记少推多"和"偏旁类推"相结合的方法。在《新华词典》中，以翘舌音 zh／ch／sh 和平舌音 z／c／s 作声母的音节（汉字）总共有1300多个，其中以平舌音作声母的只有260多个，如果记住了平舌音作声母的汉字，就可以推知翘舌音作声母的汉字了。这就是"记少推多"法。而这些平舌字又可以归纳出下面一些类别，每类都有一个代表字：

匝：砸、咂
赞：攒、瓒、簪、趱
泽：择
责：啧、赜、帻
组：租、阻、祖、诅、俎、菹 // 粗、殂、徂（cu）
足：促、蹙（cu）
子：籽、仔、字
兹：滋、孳、嵫 // 磁、慈、鹚、糍（ci）
澡：藻、燥、躁、噪//操（cao）// 臊（sao）
奏：揍 // 凑、楱、辏、腠（cou）
总：聪
昨：作、柞、胙、怍、祚、笮、酢//怎（zen）
左：佐
宗：棕、综、踪、鬃、粽//淙、琮（cong）
尊：遵、撙、樽、鳟
坐：座、唑
曾（zeng）：增、赠、憎//曾、蹭、罾（ceng）//僧（seng）
卒（zu）：卒、猝（cu）// 淬、瘁、粹、萃、啐、悴（cui）

擦：嚓

则（ze）：侧、测、厕、恻（ce）

此：雌、疵、呲（ci/zi）

次：瓷、茨

曹：槽、嘈、漕、蟝、艚//遭、糟（zao）

才：材、财

采：菜、踩、睬、彩

醋（cu）：错、措、厝（cuo）

崔：催、摧、璀

仓：沧、舱、苍、伧

匆：葱

从：丛、枞、苁//纵（zong）

寸：村、忖

四：泗、驷

丝：咝、鸶

斯：撕、嘶、澌

司：饲、嗣、伺、笥

搔：骚、瘙、鳐//蚤（zao）

叟：艘、搜、嗖、馊、溲、飕

散：馓//撒（sa）

思：腮、鳃（sai）

遂：隧、邃、燧

记住这 40 个代表字就可以类推出近 150 个平舌字。用此法可在一周之内掌握 190 个左右平舌字，其他平舌字则个别记忆，不出两周即可记住全部 200 多个平舌字。记住平舌字之后，遇到一个字分不清平舌、翘舌的时候，便想想这个字是否在平舌字范围里，如果在则读平舌，反之就一定读翘舌。

也可以利用方言和普通话的对应关系来记忆平舌字。如山东青岛、临沂、日照地方的人就可以把自己方言中发作齿间音声母的字都改发为普通话的平舌字。例如：在、才、赛、咱、残、三、自、从、四、总、层、宋、走、凑、搜……

（三）z/j、c/q、s/x 不分

这种现象比较普遍，很多人把 j/q/x 分别发成 z/c/s，特别是把 x 发成 s，使得自己的发音带上很重的齿间摩擦音，即加大了语音的噪音色彩，降低了言语质量。个别女性可能因此而被听者讥讽为"嗲声嗲气"。我们主张有这种发言缺陷的女性趁着年轻下工夫矫正，早日改善自己的发音质量。

练好 j、q、x 发音的方法：限位法。先发准普通话的 i（衣），舌位不动，接着发 j 或 q

或 x，舌位仍然不动，连着发 i，即：i+j+i；i+q+i；i+x+i。用前后两个 i 限制 j、q、x 的发音位置，这样就不会将 j、q、x 发成 z、c、s 了。这种方法的语音学理论根据是"顺同化"和"逆同化"交互作用。以 i+j+i 为例，前面的 i 把后面的 j 同化使之产生接近 i 的音色（顺同化），而后面的 i 再一次对前面的 j 进行了同化（逆同化）。

（四）en/eng、in/ing、eng/ong 不分

运用"偏旁类推"法成系统地进行方音校正。

如 en：恩 本 贲 盆 门 分 嫩 艮 肯 怎 森 真

以这些字为偏旁的字，其韵母都是 en（个别的字的韵母是 in，如邠 贫）

遇到某个字分不清韵母为 en/eng 的时候，如果字中含有上面这些偏旁，可以放心地发 en/in，反之则发 eng 韵母。如茛、更，前者含有偏旁"艮"字，读 gèn，后者不含偏旁"艮"字，读 gèng。

又如 in：宾 民 林 今 侵（右偏旁）心 辛

以这些字为偏旁的字，其韵母都是 in（个别的字的韵母是 en，如莘）

遇到某个字分不清韵母为 in/ing 的时候，如果字中含有上面这几个些偏旁，可以放心地发 in/en，反之则发 ing 韵母。如琳/玲，前者含有偏旁"林"字，读 lín，后者不含有偏旁"林"字，读 líng。

再如 ong：东 同 弄 龙 工 供 公 弓 空 孔 宏 冋 问 匈 凶 用 永 甬 雍

以这些字为偏旁的字，其韵母都是 ong/iong

遇到某个字分不清韵母为 ong/eng 的时候，如果字中含有上面这些偏旁，可以放心地发 ong/iong，反之则发 eng 韵母。如珙、庚，前者含有偏旁"共"字，读 gǒng，后者不含有偏旁"共"字，读 gēng。

用上面的方法，可以使这组难点有效地得以改观。

二、科学用声

目的：节省气力，避免嗓音疲劳。有些人发音差强人意，这是由于不会合理地用声，造成嗓音不能持久使用，易于嘶哑，自己苦恼，听者也不能享受其美妙的声音。

原则：提高清晰度，自然区分用声。

措施如下。

1. 唇舌操：提高清晰度，降低表达强度

简易唇舌灵活练习法　ba-da-jia-ga，表达（如演讲）前 10 分钟，反复练习这些音节。练习 ba 是为了增强唇部弹力；练习 da，增强舌尖弹力；练习 jia，增强舌面前部的弹力；练习 ga，增强舌根活动的灵活性。

2. 在自然音区内用声

很多人讲话找不到调门。他们担心别人听不清自己的话，往往用很大的嗓门，结果在很短时间内就喊坏了嗓子，甚至形成了恶性循环。这种现象很普遍。有效的解决方法是在自然音区内用声。

（1）自然音区。

所谓自然音区，不是指人的极限音域（指能够唱到的最高音和最低音之间的音域），而是指一个人在某一个时期之内比较稳定的自然的音高范围。人在自然音区内说话，高音不至于辛苦，低音不至于压抑。

（2）确定自然音区的方法。

具体方法很多，这里介绍"歌唱配字法"：唱某个调（如 C 调）的音节至最高（如 C 调的 1 do），这是极限音域的上限，再降下三度如 6（ra），即为自然音区的上限。接着从 6 向下唱到最低，如低音 6，再升上三度，如 1（do），即为自然音区的下限。上限 6 和下限 1 之间的音高都属于自然音区。一旦自然音区确定下来，就可以配上音节。如用普通话配音节：上限 6（ra）→shān 山→山→明→水→秀；下限 1（do）–shān　山 → 山 → 明 → 水 → 秀。这样定下"调门儿"之后，朗读或朗诵时的语流决不会出现大起大落的现象，表达者通常也不会感到吃力或压抑。

3. 设置气口，保证语流平稳，防止"落潮式语流"

（1）"落潮式语流"——语流清晰度衰减现象。有不少人在大段讲话时的语流（即一连串的话语）长度较大，中间没有停顿，往往会发生"落潮式语流"——开头几个音节音量很大很响亮，从中间开始就逐渐减弱，甚至最后几个音节模糊不清。这种状况严重影响语言的清晰度，造成表达信息的损失。

一般说来，这种状况是由气息支撑造成的。人补充一次气息（吸气一次），能够支持的语流长度是有限的，如果语流超长，就会出现"落潮式语流"。因此，我们在表达时一定要注意设置"气口儿"，也就是换气点或者补气点，及时换气、补气，以保证语流平稳，从而保证表达信息的清晰传达。

（2）合理设置"气口儿"。在下面的实例中，"|"号表示不明显地换气，"∨"号表示较明显地换气，下划线则表示应该分配给较强较足气息的重点词语。

同志们，姐妹们，∨上午|我聆听了十位女同胞的演讲。∨她们自强不息的<u>奋斗精神</u>，∨使我这个有大男子主义思想的人|<u>深受教育</u>，|<u>备受鼓舞</u>。∨我现在觉得|有千言万语要说，∨但又不知道|从什么地方说起才好。∨我突然想起|匈牙利诗人裴多菲的一首名诗《我愿意……》。∨它的第三段是这样的，|我给大家朗诵一下。∨∨

我|愿意是废墟∨

在峻峭的山岩上，∨

这静默的<u>毁灭</u>，∨

并不使我<u>懊丧</u>，∨

只要|我的爱人，∨

是青春的常春藤，∨

沿着我荒凉的额∨

亲密地|<u>攀援</u>，|<u>上升</u>。∨∨

裴多菲在这首诗里，|歌颂了一种崇高的献身精神，∨他把爱人比作是|沿着他的荒凉的额|攀援上升的常春藤，∨这是一个美好的比喻。∨但是在今天的演讲会上，∨我听了各位姐妹的|可歌可泣的英雄事迹，∨突然感到，∨如果把这个比喻|用在在座的各位姐妹身上|是不合适的。∨我们国家千千万万的职业妇女、∨千千万万的劳动妇女，∨早已不是|依附男人才能攀援上升的|常春藤。∨她们是|亭亭玉立的、|枝叶繁茂的，|能够<u>独立地</u>、|<u>坚强地</u>抵挡狂风暴雨的|参天大树！

养成良好的换气、补气习惯，不但可以保证语流平稳、音量均衡、吐字清晰，直接造福于听者，而且对于本人的健康也大有裨益。"声乃肺气之精华"，合理用气能让我们在健康的条件下保持表达魅力。

4. 安排适当的语速

语速过快是很多青年人，特别是女性的通病，有人的中文语速竟然达到每分钟 280 音节以上。虽然我觉得职业人士语速快说明他学识丰厚、思维敏捷、口舌伶俐，但是过快的语速、过密的节奏会让听者对表达内容的理解大打折扣，无法做完整的笔记，甚至会夺去听者思考的时间和空间，听者的收获反而小了。如果表达场所比较大，语速过快还会造成回声、重声，语音会变得模糊，听者的损失就更大了。

从用声的角度来看，语速过快加大了声带振动的频度，加上不会换气、补气，就会使声带及整个发音器官雪上加霜。建议职业人士不要用过快的语速"折磨"自己的声带和听者的耳朵。

在较小的表达场所，基本语速以每分钟 200 音节为好。在大的表达场所里，基本语速以每分钟 180 音节为佳。情绪激昂时，语速可能会加快，但是若要听者做笔记，就必须采取补救措施，如重复。

5. 其他与用声相关的措施

保护嗓子的小经验：

（1）关闭头顶风扇，避免门窗对流。

（2）较多利用对角线原理拢音省力。

（3）尽量不饮酒。

（4）附带的建议：合理利用话筒，不要语速过快，以免造成音色失真，降低表达的魅力。

三、科学发声

科学发声的目的是为了追求优雅，加大感染力。有不少表达者的声音缺乏魅力，例如，音节不响亮，声音单薄，吐字粗糙，语调平平。我们需要在发音准确的基础上，刻意美化音节和语流。其原则是为了吐字如珠，优雅吐字，合理调气，保证语流平稳，节奏多样。其措施有以下诸种方法：

1. 吐字归音

吐字归音，是对我国古代戏曲台词、唱词中的音节发音方法的高度概括。吐字归音是一个字的完整发音过程。汉语音节大都可以切分为两个部分：声母和韵母。复杂些的音节包括字头（声母）、介音（韵头）、字腹（韵腹）、字尾（韵尾），如"边"字的音节结构是b-i-a-n。为了追求声音的清晰、优美，我国古代艺人提出了一个重要原则：吐字如珠。吐字如珠的含义有两个：一是字音要清晰、圆润、饱满；二是语流之中相连的音节转换自然，没有阻断现象。

（1）吐字。辅音声母的吐字要领是"叼住弹出"。"叼住"指的是要保证声母的成阻和持阻。它的具体含义是：成阻部位的肌肉要保持一定的紧张度，阻气要有力；咬字的力量要相对集中在成阻部位，不要满口用力；力度的控制要根据需要来掌握，该强则强，该轻则轻，不能一律夸张用力（即艺人们所说的"不能咬死"）。"弹出"指的是声母的除阻，除阻实现之际，即是吐字完成之时。之所以叫做"弹出"，是因为它要求轻捷而有力，像弹出的弹丸，不粘不滞，不拖泥带水。

注意：强喷弹，但不要过强地"喷弹"，说话时尤其要"弱吐字"或"柔吐字"，以免造成"字头"过硬而伤人。

（2）立字。立字是指在发音节时把字腹（或者叫韵腹）处理得饱满、响亮。立字的关键是保证字腹或韵腹的开口度，必要时还要把开口度适当地加大，以取得比较清晰的音色和泛音共鸣。

注意：扩口腔。

（3）归音。归音就是对字尾或韵尾的处理。男女都有"归音不到位"的缺点。通常是男性发的音节，韵尾脱落现象比较明显，例如，把"环境"发成"划境"，把"现代"发成"夏代"。而女性发音音节粘连的现象比较明显，例如，把"这样子"发成"酱紫"，把"羊皮袄"发成"羊瓢"。矫正这样的发音缺陷，关键措施是："归音到位"。归音到位也就是收音到位时，尾音就会清晰，整个音节变得完整，清晰度就会提高。

注意：确归音。

做下面的归音练习时，要注意在保证吐字、立字的基础上进行，归音时可以把做韵尾的音适当的延长或者保持一下。此外，还可以这样做——在每个音节后面附加一个元音a，例如：

彩带　cǎi dài → cǎi+a dài+a → cǎiya dàiya → cǎidài

蓝天　lán tiān → lán+a tiān+a → lánna tiānna → lántiān

船舱　chuán cāng → chuán+a cāng+a → chuánna cāngnga →chuáncāng

用这种方法发出来的"彩带 cǎidài""蓝天 lántiān""船舱 chuán cāng"，每个音节都是非常饱满而清晰的。

绕口令*　班干部管班干部（一口气念三遍）。

**　山前有个严圆眼，山后有个严眼圆。二人山前来比眼：不知是严圆眼比严眼圆的眼圆，还是严眼圆比严圆眼的眼圆。

***　天上一个盆，地下一个棚。盆碰棚，棚碰盆。棚倒盆碎，是棚赔盆，还是盆赔棚。

2. 起音技巧

咬字的时候，气流强弱程度和声带的开合、松紧状态的不同，会造成了三种不同的吐字音色。借用乐理的术语，分别称之为：硬起音、软起音、气起音。

气息通过闭合的声带，使声带做快速的开闭运动，这就是声带的振动发音。在声乐理论中把声带开始振动的瞬间并称起音，认为起音是由于气息冲击声带，激起了声带的振动。因此，把起音称为"激起"（Attack）。

"硬起音"（Hard attack）。方法是先闭合声带，然后被气息冲开发音，此种声音结实、有爆发力。如果气流过强，就会使得吐字的音色很粗糙，口气很生硬，给人的感觉是表达人不够斯文。

"软起音"（Soft attack）。方法是声带的闭合与气息的通过是在同一刹那，声音糅合。表达人要经常使用软起音，让自己的吐字音色柔美、斯文。

"气起音"（Breathed attack）。是气息先通过声门，然后声带才闭合发音。此法先有漏气声，声音较暗淡。除非表达特殊情感，表达人一般不要使用气起音。

注意：软起音。

3. 加大共鸣，增添韵味

（1）打开中部共鸣区和下部共鸣区的通道，使声音变厚实。

很多人发音是有明显的"喉部闭锁"症状。由于喉部闭锁，下部共鸣区（声门以下部位到胸部横膈膜）不能参与共鸣，因此他们的声音显得很单薄。

我的经验是借助英语的 har 音节来打开喉部。这里的 h 是喉壁轻擦音，所受的阻碍最小，而 ar 的开口度最大。发这个音节时，喉部非常放松，气流几乎无阻碍地流向声门，中部共鸣区和下部共鸣区在此时处于畅通状态，声音的共鸣色彩顿时就加重了。

（2）咽音练声法，声带变宽。

为增强声音魅力，还可以通过练习"咽音"保持比较好的音高、音强、音色和共鸣状态。

4. 给语流适度增加旋律性

有一些教师或经常做培训工作的职业人士总是用平调子快速地表达，如果缺乏生动实例，课堂气氛往往很沉闷。用平调快速表达，可能会给人背书的感觉。背书是一种"内向传输"的言语行为，相当于自言自语、自说自话。用平平的语调表达，仿佛不是跟听者交流，而是在自我检验记忆力是否正常。这样一来，课堂的交际链条就被割断，师生互动的通道被堵塞，教师自我封闭自我隔绝的结果是个人魅力的光芒被遮掩了,如果语气再冷一点,还会引起听者的反感。

建议:不管是哪个年龄层的教师都应该注意,不要用平平的冷冷的语调表达,应该讲究抑扬顿挫、起伏跌宕,让自己的言语具有较强的亲和力,促进师生的情感交流,激起听者的听课兴趣。

语速问题不必赘述。下面用的练习,可能有助于调整平调子的语流状况,可以使语流带上明显的旋律性。

(1)语流音高变化练习。

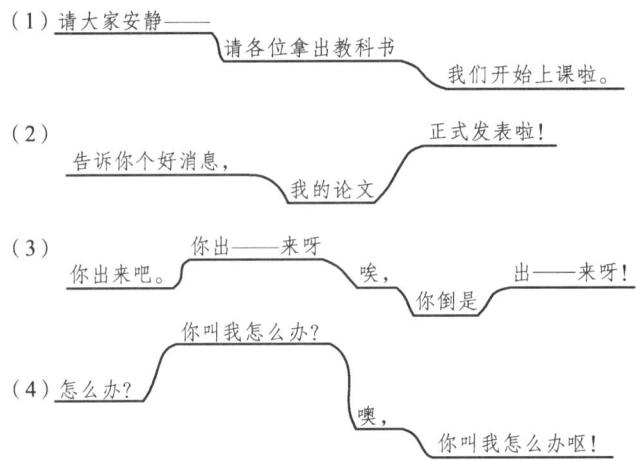

(2)级进式旋律控制,防止语调过平。

级进式旋律分为上行式(递升)、下行式(递降)和上行下行结合式,在情绪起伏较大的语流中,可以使用级进式旋律。这里利用几段诗歌,请有兴趣者不妨练习一下级进式旋律的语流。

上行式级进旋律:
饥寒的年代里,理想是温饱;(低起,渐升到半)
温饱的年代里,理想是文明。(由半低渐升到高)
离乱的年代里,理想是安定;(低起,渐升到半高)
安定的年代里,理想是繁荣。(由半低渐升到高)

——流沙河《理想》

下行式级进旋律:
祖国是一座花园,北方就是中国的腊梅,(高起,渐降到半高)
小兴安岭是一朵花,森林就是花中的蕊。(半高渐降到半低,以低收尾)

——初中语文课本

上行、下行相结合的波动式语流:
我们分担寒潮、风雷、霹雳,

（低）　（半高）　（半低）
我们共享雾霭、流岚、虹霓。
（半低）　（高）　（半高）

——舒婷《致橡树》

5. 设计多变型节奏，防止因为语速单一而造成疲倦感

有些人表达四平八稳，节奏单一，容易给听者造成疲劳感。实例如：
我们要/坚定地/高举起/时代的/旗帜，/沿着那/科学的/光明大道/奋勇/前进！

这样的节奏方便听者做笔记，但是表达"演说"时，如果一味使用这样的节奏，肯定会造成听者疲劳，甚至促成"周公之梦"。

下面的练习，需要使用多变型节奏——

同学们，【慢】人生的道路固然坎坷，但绝不能因为它的坎坷，就使我们健美的躯体变得弯曲，【慢】生活的道路固然漫长，但绝不能因为它的漫长，就使我们求索的脚步变得迟缓。【中】叹息的杯盏里只有消沉的苦酒，而自信的乐谱中才有奋发的音符。【慢】自卑，【中】只能使你成为生活的奴隶；【快】而自信，【中】却能使你成为生活的主人！

【中】自信吧，年轻的朋友；【快】自信吧，亲爱的同学。【中】在人生的海洋里，驾着你事业的航船，【快】摇动你奋斗的双桨，扬起你自信的风帆，【中—慢】就一定能达到理想的彼岸！

情境三　语言的得体

得体，它的词义是指言语、行动等恰如其分。语言表达的得体是指根据交际的语境使用语言，也就是根据交际的外部语境（各种情境条件）、内部语境（上下文）选用恰当的语句来表情达意。通俗地说，所谓得体就是根据需要说相应的话。

得体，是语言表达的基本要求，也是最高要求。怎样才能做到语言表达得体牵涉的问题很多，首先我们看看语言表达得体应注意的问题。

一、看准交际对象，掌握分寸

语言交际总是双向的，既有说或写的一方，也有听或读的一方。因此，说写者就不能一厢情愿想说什么就说什么，而要从交谈对象的年龄、职业、思想、性格等不同特点出发，说恰当的话，即所谓"对什么人说什么话"。同一个意思，对不同的人就应有不同的说法；同一个内容，对不同的对象，说话时的重点也应不同。

例1："神舟七号"圆了中华民族的飞天梦，记者采访公众，谈谈对此事的感想。

如采访对象是中学生，就应联系自己的学习实际，侧重谈未来憧憬："'神舟七号'上天

极大激发了我们中学生学习的兴趣，我们要以此为动力，好好学习，将来做一名科学家，让我们的神舟系列遨游太空。"

如采访对象是中学教师，就应突出职业的特殊性，侧重谈理想任务："'神舟七号'上天鼓舞了中华儿女的士气，这表明中国的科技在飞速发展，作为一名教育工作者，我们要积极投身于国家的教育事业，为我国科技的发展再上一个新台阶而做出自己应有的贡献。"

例2：朋友的公司要招聘一名文秘人员。广告一出，应者如云。一女大学生递上自荐书，主考官边看自荐书，边自言自语地笑说，"啊，身高一米六五？穿上高跟鞋恐怕比我个头都高啦。"女生笑说："别悲观，浓缩是精品嘛！"如此戏语，令主考官哭笑不得。这个女生的言语哪里不得体？为什么？

女生本想借潘长江小品中的台词开个玩笑，可惜搞错了对象。作为应聘者，不论从哪个角度讲，说这样的话都是欠妥的。

交际对象有性别、年龄、身份、经历、文化背景等具体因素，在运用语言与人交际时，应该切合实际。当然，注意交际对象，首先应尊重对方。

二、适应交际场合，巧妙用语

交际的场合包括时间、地点、人物、氛围等。这里主要说氛围。交际的场合各种各样，有喜庆、哀伤之分，有庄重、轻松之别，等等。在这种情况下，语言表达要与环境气氛相协调。在喜庆的场合谈令人伤感的话，在庄重的氛围中"搞笑"，都是不得体的。所谓"到什么山上唱什么歌"，指的就是要适应不同的场合，说话用语巧妙自然。

不同的场合，对语言运用有不同的要求。一般说来，在悲痛的场合，应该严肃、庄重，不能尽说些无关痛痒的笑话；在欢乐的场合，应该轻松、愉快，不能尽唠叨自己的苦恼、不满。这是交际的总体氛围对说话内容的制约，要根据具体的场合选择明智的、充满内涵和智慧的语言。

例3：某饭店，老先生生日宴会。老友热情地点歌祝贺。掌声响过，歌声骤起，"西边的太阳快要落山了……鬼子的末日就要来到……"顿时主人容颜大变！尽管及时制止了乐曲继续演奏，但整个现场的气氛已十分尴尬。哪里不得体呢？为什么呢？

点歌的朋友并非有意为之，他只注意了"弹起我心爱的土琵琶，唱起我心爱的歌谣……"是他们一代人喜欢的歌，然却忽略了一个"日薄西山"的老人最敏感的就是"西边的太阳快要落山……"，最担心的就是"末日就要来到"。朋友忽略了歌词的内容是不适合生日宴会场合的。

三、把握不同语体，用语准确

不同的语体，往往运用不同的语言材料，适应各自不同的语境和交际需要，形成各自不同的语言特点。比如文言词语典雅、简洁、庄重，在比较庄重的书面语体如公文事务语体中经常使用；方言词语、俚词俗语等，简明、通俗、易懂，在口头语体或书面语体的文艺语体中经常使用。又如科技语体、政论语体常常使用长句、常式句、完全句等，而口头语体、文艺语体则常常使用短句、变式句、省略句等。如果在口语性较强的文章里硬要使用一些书面语，就会影响语言表达的准确性。

例4：电影《林则徐》中写林则徐召见外商，申明中国政府关于严禁贩卖鸦片的命令，其中说到如有违令者，"船货交公，人即正法"。有外商问："什么叫'正法'？"中国官员答："正法就是杀头。"

这一段，林则徐说的是法令，所以用的是庄严典雅的"正法"，官员是口头对话，所以用了浅显易懂的"杀头"，和各自的语体都很协调。

四、明确交际目的，有的放矢

语言的表达应有明确的目的性，目的决定了语言得体的尺度，决定了语言表达的方式。能根据表达目的选用合理的表达方式，就是所谓有的放矢。即使是同一内容，因不同的表达目的，在内容的取舍和侧重点等方面也应有所不同。例如，同样要到电视台去应聘，假如你想应聘记者，那么在面试的时候，你就应当侧重于介绍自己的书面表达能力、口头表达能力和观察、分析、应变等能力。因为这几方面的能力是作为记者必须具备的。如果你要应聘电视节目主持人，那么在面试的时候，你就应当突出自己口齿清楚，声音响亮，普通话标准，相貌端庄等。因为主持人既要用口语向观众传播信息，又要将个人形象展示在荧屏上，必须具备这几方面的素质。

五、注意谦敬遣词，恰如其分

好些汉语词汇都具有一定的倾向性，如果把握不好，就会闹出笑话。尊称的词语只能用于称对方，而谦称的词语只能用于称呼己方。

正确使用谦词和敬词：

例6：下列句子中，画线的传统礼貌称谓使用正确的一句是（D）

A. 这是您<u>家母</u>托我买的，您直接交给她老人家就行了。

B. <u>令媛</u>这次在儿童画展上获奖，多亏您悉心指导，我们全家都很感谢您。

C. 我们家家教很严，<u>令尊</u>常常告诫我们，到社会上要清清白白做人。

D. <u>令郎</u>不愧是丹青世家子弟，他画的马惟妙惟肖、栩栩如生。

分析："家母"是谦词，只用于指自己的母亲，此用来指别人的母亲，不得体。

"令媛"是敬辞，用于称别人的女儿，此用来指自己的女儿，不得体。

"令尊"是敬辞，用于称别人的父亲，此用来指自己的父亲，不得体。

"令郎"是敬辞，用于称别人的儿子，得体。

有人把谦敬词语用一句话归纳为"家大舍小令外人"。即对别人称自己的长辈和年长的平辈时冠以"家",如家父(家严)、家母(家慈)、家叔、家兄等;对别人称比自己小的家人时则冠以"舍",如舍弟、舍妹、舍侄等。遣词用语要尊重对方。

情境四　交谈的特点

交谈作为一种双向沟通的方式,有以下三个显著的特点:

一、交流的双向性

美国语言心理学家罗西·萨尔诺夫说过"交流是双行道""没有回应的谈话是无效谈话,说话艺术最重要的应用,就是与人交谈"。交谈的过程,实质上是交谈双方交互发出信息与交互接收信息的过程,是一种双向交流,双方必然自始至终扮演既是听者又是说者的双重角色,双方都要自觉地围绕某一共同的话题,各抒己见,互相反馈。因此,交谈者不仅要会说还要会听,听说兼顾,互相配合,才能达到真正的交流。如果各说各的,互不相干,或只有一方说,另一方被动地听,都不利于交谈的顺利进行。

二、交谈的灵活性

一是话题的易转移性。一般来说,交谈都有一定的目的,但在交谈进行过程中,听说双方出于某种需要常常自由地转换话题。这就要求交谈者做到言随旨遣,并根据谈话的具体情况,及时调整自己说话的内容和方式,灵活地组织话语,以便获得较好的谈话效果。即使是遇到对自己不利的情况,也可以根据交谈的条件或目的,随机应变,摆脱窘境。至于日常聊天,话题更为自然、随意。二是地点的随意性。交谈既可在郑重的社交场合,也可在日常生活情景中。总之,可以比较灵活地处理。

三、鲜明的口语特征

交谈通常不需做书面准备,多半是边想边说,语言信息的传递非常快,说话人没有过多的时间对语言进行加工润色,一般是用通俗平易、浅白清晰、好说易懂的语言说话,不太讲究词语的华美,所以口语色彩比较鲜明。主要表现在三个方面:一是句式短,话语简洁明快,容易上口入耳,方便信息快速传递;二是带有丰富的口语词汇,如方言俚语、行话、流行语等;三是话语连贯性不强,甚至省略了某些内容。由于双方同在一个语境中,交谈的目的和内容明确,所以说话即使是不连贯,有较多的省略语,双方都能听得懂,即便是说错了或对方听不明白,也可以进行纠正、重复、解释和补充。

语言交际的关键是尊重对方和自我谦让。然而,如果仅有这种良好的愿望却使用不当的表达方式,结果仍可能事与愿违。所以交谈既要强调主观动机,又必须讲求实际效果。如何使两者兼顾，切斯特菲尔德爵士（Chesterfield）是国际礼法家推崇的谈话艺术大师，他曾经留下许多具有哲理性的忠告：常常说话，但不要说得太长；对什么人说什么话；少讲故事，除非贴切而简短，以绝对不说为妙；切不要拉住别人的衣袖或手讲话；随和众人，不要独断自尊；在成分复杂的人群中，避免辩论；勿作自我宣传；外表坦白而直率，内心谨慎而仔细；谈话时正面视人；不要随便播散或听受流言蜚语；不要模仿他人，也不要赞许他人的模仿。

情境五　交谈的原则

对于言谈交际的一些准则，我国古书也有大量记载，孔子曰："辞达而已矣"，即言词达意就可以了。关于言谈与心理，我国古话有："言谈之道，攻心为上""发人曲衷，动之以情""以虚求实，曲得所谓"。下面谈谈语言交际的三项基本要求：

一、态度谦虚诚恳

谦虚是一种美德，是人类高尚的品质。古往今来，人们给予它崇高的赞美。古希腊哲学家苏格拉底曾说："谦虚是藏于土中甜美的根，所有崇高的美德由此发芽生长。"我国也有"谦受益，满招损"的古训，更有如毛泽东所说"谦虚使人进步"等伟人哲士赞美谦虚的至理名言。谦虚本身就是一种"礼"的表现。

只有在交谈中谦虚礼让、多听少讲、先听后讲，像俄国一位作家所说的那样，在开口之前要把舌头在嘴里打十个圈，才容易赢得对方的好感，才可能给人以诚恳谦虚、可以信赖、可以合作的印象。著名科学家富兰克林也认为："我决定避免一切直接触犯他人感情的活动和一切独断自尊的言论。我甚至禁止自己使用一切表示肯定的字眼，如'当然''不用说'等，而代以'照我看''我觉得怎样怎样'或'似乎''好像怎样怎样'，不久，我便发现这种态度改变的益处。"可见语言交际时，谦虚是相当重要的。怎样才能在不同的社交场合、不同的时间、不同的环境、不同的氛围用语言表达自己的谦虚，给人留下一个良好的印象呢？可用以下四种方法：

（一）转移对象法

当受到表扬和赞美的时候，如果你感到在众人面前窘迫的话，不妨想办法转移人们的注意力，用巧妙的"脱身法"把表扬和赞美"嫁接"到别人身上。

有一年"八一"节，贺龙参加了兴县的文艺晚会，一位"少年诗人"朗诵他的新作："我要讲一个英雄的故事，这个故事就是南昌起义，这个英雄就是贺老总！"刚朗诵到这里，突然有人喊："小鬼你这话不对头，南昌起义怎么只有一个英雄！"说话的正是贺老总。贺老总把他叫到跟前亲切地说："小鬼，我告诉你，南昌起义的主要领导人是周恩来副主席，还有朱德、刘伯承、聂荣臻同志，那时我还不是共产党员呢，能算什么英雄呢？不过你朗诵得极有感情，回去好好改改，改好再朗诵，下次我一定还来听。"

贺老总不让"少年诗人"歌颂自己，而是把歌颂的对象转向周恩来、刘伯承等人，充分表现了他谦虚、豁达、虚怀若谷的品质。

（二）自轻成绩法

任何称赞和夸奖都不可能毫无缘由，或是因为某件事或是因为某方面的成绩。这时你不妨像绘画一样，轻描淡写地勾勒一笔，在淡泊之中见神奇。

牛顿创建的"牛顿力学"闻名世界，当朋友称他为伟人时，他谦虚而真诚地说："不要那么说，我不知道世人怎么看我。不过，我自己觉得好像一个孩子在海滨玩耍的时候，偶尔捡到了几只光亮的贝壳。但是对真正的知识大海，我还没有发现呢。"牛顿把知识看成大海，把自己的巨大成就看成是几只"贝壳"，而且说得十分轻松，似乎他的成就连一个孩子都能取得，这就形象地表现了自我谦虚的精神，而且极富情趣。

（三）相对肯定法

面对别人的称赞，如果把自己说得一无是处，不但起不到谦虚的作用，反倒给人一种傲慢的感觉，正如俗话所说："谦虚过度等于骄傲"。现实生活中，类似这样的人屡见不鲜，比如有人称赞某演员演技高超时，她竟不屑一顾地说："这算啥！"言外之意，她的真本领还没有拿出来。相反，有人在称赞鲁迅先生是天才时，鲁迅先生说："哪有什么天才，我是把别人喝咖啡的时间都用在工作上。"鲁迅先生否认自己是天才，但却肯定自己珍惜时间这一优点，给人一种实实在在的感受。

（四）妙设喻体法

直言谦虚固然可贵，但弄不好会给人一种虚假的感觉，特别是两个人之间，如果仅仅说"你比我强多了"这类话，容易产生嘲讽揶揄之嫌。遇到这种情形，你不妨用一个比喻方式，巧妙地表达自己的谦虚。

一天，郭沫若和茅盾两位文学大师相遇了，他俩谈得非常愉快，话题很快转到鲁迅先生身上，郭沫若诙谐地说："鲁迅先生愿做一头为人民服务的'牛'，我呢？愿做这头牛的尾巴，为人民服务的'牛尾巴'。"听说郭老愿做"牛尾巴"，茅盾笑着说："那我就做'牛尾巴'上的毛吧！它可以帮助牛把吸血的'大头苍蝇'和'蚊子'扫掉。"郭沫若看着茅盾说："你太谦虚了。"

这两位文学巨匠围绕着鲁迅先生"牛"的比喻，充分展开联想，一个自喻为"牛尾巴"，一个自喻为"牛尾巴"上的"毛"，这生动形象地表现出了两位大师谦虚博大的胸怀。

二、亲切自然

谈话时表情要自然，语言要和气亲切，表达得体。说话时适当做些手势是可以的，但不要手势过多，也不要动作太大，更不能手舞足蹈。与人谈话时，距离太远或太近都不好，不要用手指指人，也不要拉扯和拍打，更忌讳讲话时唾沫四溅。谈话时，双方应相互正视、相互倾听，不要东张西望、左顾右盼，更不要看书报或者面带倦容、哈欠连天，也不要做一些不必要的小动作，如玩指甲、弄衣角、搔脑勺、压指节等，这些动作都不礼貌。

如果是许多朋友一起交谈，讲话的人不能把注意力只集中在其中一两个熟悉的人身上，要照顾到在场每一个倾听的人，除了特别注意正在说话的人外，你的目光也应偶尔光顾一下其他的人。应该使在座的人都有发言的机会，不要只让两三个人说话。对于比较沉默的人，亦应设法使他开口，比如问他："你对这件事怎么看"或"你有什么看法"，等等。

三、语调平和沉稳

语调是人们流露真情的一个窗口，愉快、失望、坚定、犹豫、轻松、压抑、狂喜、悲哀等复杂的感情都会在语调的抑扬顿挫、轻重缓急中表现出来。它不但展现着一个人的感情世界，也表露了他的社交态度。那种心不在焉、和尚念经的语调绝不会引起别人感情上的共鸣。因此，交谈时的声音大小、轻重、粗细、高低、快慢有着具体的规范：

（1）发音清晰易懂，不夹杂地方乡土口音。
（2）放低声调比提高嗓门来得悦耳。
（3）委婉、柔和的声调比粗厉、僵硬的声调显得动人。
（4）发音稍缓，比连珠炮式易于使人接受。

情境六　交谈的礼仪

言谈是人际交流中重要的沟通手段，具有不可替代的重要作用。若想通过言谈达到人际交流预期的目的，除了在表达上要词义准确外，还应以"礼"取胜。

优雅的言谈，要注意以下几点：

一、语言要文明

作为有教养的人，在交谈中一定要使用文明语言。语言要文明的含义，就是要杜绝有失身份的话"溜"出口。在交谈中，绝对不能采用以下用语：

（1）粗话。口中吐出"老头儿""老太太""小妞"等称呼是很失身份的。
（2）脏话。讲起话来骂骂咧咧，非但不文明，而且自我贬低，十分无聊。
（3）黑话。一说话就显得匪气十足，令人反感、厌恶。
（4）荤话。把绯闻、色情、"荤段子"挂在口边，会显得趣味低级。
（5）怪话。说话怪声怪气、黑白颠倒，让人难生好感。
（6）气话。说话时意气用事、发牢骚或指桑骂槐，很容易伤人、得罪人。

二、用语要礼貌

简单礼貌语，指约定俗成的表示谦虚、恭敬的专门用语。

（1）常用的口语化的礼貌语：主要有您好、请、谢谢、对不起、再见等。

（2）常用书面化的礼貌语：初次见面说"久仰"；许久不见说"久违"；等待客人说"恭候"；客人到来说"光临"；探望别人说"拜访"；起身作别说"告辞"；中途先走说"失陪"；请人别送说"留步"；请人批评说"指教"；请人指点说"赐教"；请人帮助说"劳驾"；托人办事说"拜托"；麻烦别人说"打扰"；求人谅解说"包涵"。

三、语言要准确

在交谈中语言必须准确，否则不利于各方之间的沟通。要注意的问题主要有：

（1）发音准确。在交谈之中，要求发音标准。读错音，念错字，口齿不清，含含糊糊或音量过大过小，都让人听来费劲，而且有失身份。

（2）语速，即讲话速度。在讲话时，语速要快慢适中，语速过快、过慢或忽快忽慢都会影响效果。

（3）口气谦和。在交谈中，说话的口气一定要做到亲切谦和，平等待人。切勿随便教训、指责别人。

（4）内容简明。在交谈时，应言简意赅，要点明确，少讲、最好不讲废话。啰里啰嗦、废话连篇，谁听都会头疼。

（5）少用方言。在公共场合交谈时，应用标准的普通话，不能用方言、土话。否则，就是不尊重对方。

（6）慎用外语。在一般交谈中，应讲中文，讲普通话。无外宾在场，最好慎用外语。否则，会有卖弄之嫌。

四、态度要积极

（一）积极倾听

（1）表情认真。在倾听时，要目视对方，全神贯注。心不在焉的表情，会让对方感到不舒服。

（2）动作配合。自己接受对方的观点时，应以微笑、点头等动作表示同意。

（3）语言合作。在听别人说话的过程中，不妨用"嗯"或"是"加以呼应，表示自己在认真倾听。

（二）用词要委婉

在交谈中，应当力求言语含蓄、婉转、动听。如在谈话时要去洗手间，不便直接说"我

去厕所",应说"对不起,我出去一下",或采用其他比较容易接受的说法。在交谈中,用词委婉可采用以下方式:

(1)旁敲侧击。不直接切入主题,而是通过"提醒"语言让对方"主动"提出或说出自己想要的。

(2)比喻暗示。通过形象的比喻让对方展开合理准确的想象,从而领会所要传达的意图。

(3)间接提示。通过密切相关的联系"间接"地表达信息。

(4)先肯定,再否定。有分歧的时候,不要把人家的观点一竿子打死,而是要先肯定对方观点的合理部分,然后再引出更合理的观点。

(5)多用设问句,不用祈使句。祈使句让人感觉到是在发布命令,而设问句让人感觉是在商量问题,所以后者更容易让人接受。

(6)表达留有余地。不要把问题绝对化,使自己失去回旋的余地。

五、礼让对方

在交谈中,应以对方为中心,处处礼让对方,尊重对方。要做到这一点应注意以下几点:

(1)不要独白。交谈讲究的是双向沟通,因此要多给对方发言的机会,不要一人侃侃而谈而不给他人开口的机会。

(2)不要冷场。不论交谈的主题与自己是否有关,自己是否有兴趣,都应热情投入,积极合作。万一交谈中出现冷场,应设法打破僵局。常用的解决方法是转移旧话题,引出新话题。

(3)不要插嘴。他人讲话时,不要插嘴打断。即使要发表个人意见或进行补充,也要等对方把话讲完或征得对方同意后再说。对陌生人的谈话是绝对不允许打断或插话的。

(4)不要抬杠。交谈中,与人争辩、固执己见、强词夺理的行为是不足取的。自以为是、无理辩三分、得理不让人的做法,有悖交谈的主旨。

(5)不要否定。交谈应当求大同、存小异。如果对方的谈话没有违反伦理道德、辱及国格人格等原则问题,就没有必要当面加以否定。

六、把握交谈时间

与其他公务活动一样,交谈也受制于时间。因此,交谈要见好就收,适可而止。普通场合的谈话最好在30分钟以内结束,最长不能超过1小时。交谈中每人的每次发言,在3分钟到5分钟之间为宜。

语言特有的魅力往往可以吸引住别人,争取到更多的支持和协作。但驾驭语言不是件容易的事情,想让自己的话令人喜欢,除了要掌握言谈的技巧,还要具有渊博的知识。具有了浓厚的文化底蕴才能让说出的话言之有物,具有高度的可信性才能打动对方。所以,平时对语言知识和语言技巧的学习和积累是非常重要的,它是语言魅力的源泉。

【情境演练】

记下身边那些让你印象深刻的交谈者，看看他们都有哪些特点？

【情境延伸】

语商（LQ）测试题

语商（LQ）是指一个人学习、认识和掌握运用语言能力的商数。具体地说，它是指一个人语言的思辨能力、说话的表达能力和在语言交流中的应变能力。

我们生活在一个有声的语言世界中，语言能力是每个人一生中极为重要的生存能力，语言交流水平的高低就是语商能力的高低。通过下面的测试我们会对自己的语商能力有所把握。

1．你觉得会说话对人一生的影响：

A．重要

B．一般

C．不重要

2．你和很多人在一起交谈时，你会：

A 有时插上几句

B．让别人说，自己只是旁听者

C．善用言谈来增加别人对你的好感

3．在公共场合，你的表现是：

A．很善于言辞

B．不善言辞

C．羞于言谈

4．假如一个依赖性很强的朋友，打电话与你聊天，而你没有时间陪他的时候，你会：

A．问他是否有重要事，如没有，回头再打给他

B．告诉他你很忙，不能和他聊天

C．不接电话

5．因为一次语言失误，在同事间产生了不好的影响，你会：

A．一样的多说话

B．以良好言行尽力寻找机会挽回

C．害怕说话

6．有人告诉你某某说过你的坏话，你会：

A．处处提防他

B．也说他的坏话

C．主动与他交谈

7．在朋友的生日宴会上，你结识了朋友的同学，当你再次看见他时：

A．匆匆打个招呼就过去了

B．一张口就叫出他的名字，并热情地与之交谈

C．聊了几句，并留下新的联系方式

8．你说话被别人误解后，你会：

A．多给予谅解

B．忽略这个问题

C．不再搭理人

计分标准

1．选A，2分，选B，1分，选C，0分。

2．选A，1分，选B，0分，选C，2分。

3．选A，2分，选B，1分，选C，0分。

4．选A，2分，选B，1分，选C，0分。

5．选A，0分，选B，2分，选C，1分。

6．选A，1分，选B，0分，选C，2分。

7．选A，0分，选B，2分，选C，1分。

8．选A，2分，选B，1分，选C，0分。

结果分析

1. 得分在0～5分之间

表明你的语商较低，语言表达能力和语言沟通能力还很欠缺。如果你的性格太内向，这会阻碍你语言能力的提高，应尽力改变这种状况，跳出自己的小圈子，多与外界人接触，寻找一些与别人言语交流的机会，努力培养自己的说话能力。只有这样，你才有希望成为一个受欢迎的人。

2. 得分在6～11分之间

表明你的语商良好，语言表达能力和语言沟通能力一般，如果再加把劲儿，你就可以很自如地与人交流。提高你语言能力的法宝是主动出击，这样可以使你在语言交流中赢得主动权，你的语商能力也自然会迈上一个新的台阶。

3. 得分在12～16分之间

表明你的语商很高，你清楚怎样表达自己的情感和思想，能够很好地理解和支持别人，不论同事还是朋友，上级还是下级，你都能和他们保持良好的言谈关系。值得注意的是：千万不要炫耀自己的这种沟通和交流能力，那样会被人认为你是故意讨好别人，是十分虚伪的表现。尤其是对那种不善于与人沟通的人，更要十分注意，要做到用你的真诚去打动别人，只有这样，你才能长久地维持你的好人缘，你的语商才能表现得更高。

模块六　塑造美好的电话形象

【知识目标】

◇认识电话形象在职业形象塑造中的重要性
◇认识电话形象与职业形象的关系
◇认识电话形象管理的方法

【能力目标】

◇掌握职场人士应该具备的电话礼仪规范
◇掌握电话形象塑造的方法

【素质目标】

◇培养优雅得体的社交素养

现代社会，电话是各个单位与外界进行联络与沟通的基本工具之一。在工作岗位上使用电话时，职场人士既要传递信息，维护本单位的利益，同时，还应当恰到好处地运用自己的聪明才智，表现出自己的职业素养与做人的美德。

对于职场人士来说，掌握电话礼仪，塑造美好的电话形象，是树立良好的个人形象的关键环节。就礼仪规范而言，打电话时职员需要对通话的内容、态度及其表现形式等三个要点加以注意。这三个要点又称打电话三要素。打电话时所涉及的具体问题，均与此三要素直接相关。

公务往来中的电话交流，可分为拨打电话、接听电话、代接电话与使用手机等四个方面的问题。在礼仪规范上，这四个具体方面往往又有各自的一些规定。

情境一　拨打电话

拨打电话，一般是指在打电话时自己处于主动的一方，是自己首先把电话打给别人的行为。此时，拨打电话的一方叫做发话人，而接听电话的一方则称为受话人。当一名职员作为发话人拨打电话给别人时，下述十个方面通常都是需要注意的。

一、慎选时间

倘若并非紧急事务必须立刻通报,那么打电话最好选择一下具体的时间:一是要主动回避对方精力或许松懈的时间,例如,周五下午、周一上午、上班后的头半个小时、下班前的最后几分钟。二是努力避开影响对方生活或休息的时间,例如,假期、午休、凌晨、深夜或就餐时间。打国际长途时,还应事先考虑一下两地的时差。

二、做好准备

打电话给别人时,职员应争取给对方以干脆利索、惜时如金之感。因此,打电话之前,尤其是拨打重要的公务电话之前,一定要有所准备,以免仓促上阵,打电话时现说现想、东拉西扯、反复絮叨。一般来讲,拨打电话前,最好在专用的便笺上一一列出诸如电话号码、备用号码、通话要点、强调之处、疑难点等诸多问题,以便通话时有所参考。应强调的是,拨打办公电话时,不宜假公济私、大谈私事。

三、礼貌待人

打电话给外单位或外人时,一定要在通话之初便对对方以礼相待。为此,既要首先问候对方,又要随即自报家门。通常,问候语"你好"应作为通话时的开始语,少了这句话就算失礼。接下来,为了让受话人明了自己的身份,应自报家门。其具体方式有以下七种:一是报出姓名;二是报出单位;三是报出部门;四是报出单位与部门;五是报出单位与姓名;六是报出部门与姓名;七是报出单位、部门与姓名。最后一种方式,通常最为正式。

四、条理清晰

在打电话时,不论通报一般性事务还是进行重要的公务洽谈,均应不慌不忙、条理清晰。在电话上进行具体陈述时,要注意有主有次、有点有面、有先有后、有因有果。凡事均应一一道来,循序而行。唯有如此,才能令受话人完整、准确、及时地理解发话人所要表达的意思。

五、确认要点

一般而言,打任何一次电话都有一定的要点。为了保证通话效果,务必注意在电话里对要点加以确认。常用的有效做法有三:一是通话要点宜少忌多。每打一次电话最好只有一个要点。二是通话之时应明确地对要点加以强调。三是通话结束前须再次对要点进行复述,以强化受话人对此的印象。

六、适可而止

在通话时,作为发话人,一名训练有素的职员应长话短说,废话不说,更要切忌没话找话，尽量精简通话内容，缩短通话时间。在正常情况下，最好有意识地将每一次普通通话的时间限定在三分钟以内。此项要求，在电话礼仪中被称为通话三分钟法则，平时打电话时就应自觉遵守。万一情况特殊，通话时间可能较长，须向受话人提前说明，并征得对方同意。

七、善始善终

需要结束通话时，发话人应当在下述几个方面表现出应有的礼貌：一是先要询问一下受话人是否还有事需要相告；二是要以"再见"等道别语作为通话的结束语；三是当自己挂断电话时，应双手轻轻放下话筒或轻轻按下通话终止键，切勿突如其来地挂断或用力摔掉，令受话人产生误解。

八、有错必纠

有时在通话的过程中，往往会出现一些意想不到的差错。不论是否与己相关，发话人均应有错必纠。一是拨错电话号码时，要即刻向对方道歉，不要一言不发，挂断了事。二是线路发生故障，出现噪音、串线、掉线时，发话人应首先挂断电话，然后再主动拨打一次。电话接通后，发话人还应就此向受话人做出必要的解释。

九、善待他人

在电话打通后的第一时间，发话人有可能并未遇到自己要找的对象，而是碰上了其他人士充当受话人，他们可能是电话接线员、办公室工作人员或者受话人的同事、家人等。当确认对方不是自己要找的人之后，应请求对方帮助，同时问候对方并感谢对方的帮助。

十、及时反馈

在打电话的整个过程中，通话双方的相互配合十分重要。打电话时，发话人一定要善于观察受话人的反应，并及时予以反馈。例如，在电话接通后，不妨先询问一下受话人"现在打电话是否方便"；发现受话人正在接待他人，则不妨改时再打。

情境二　接听电话

接听电话，通常指的是自己在打电话中处于被动的一方，是接听别人所打来的电话的行为。作为受话人，尽管在通话时未必可以任意操控电话，但依然需要以礼待人。根据电话礼仪规范，在接听电话时，受话人务必须对以下十大要点加以重视：

一、来话必接

在上班时，不论工作再忙再累，都不允许拒绝接听打进来的电话。当有他人在场时，此点尤须注意，不然可能会令别人产生不好的联想。即使当时不宜通话，亦应先接电话，并随之说明原因，然后再告诉对方，请其指定一个时间，由自己到时候把电话打过去。

二、接听及时

电话礼仪规范不但要求保证有电话必接，而且还要求及时接听。按照常规，接听打进来的电话，应在电话铃声响起三声左右时进行。过早接听，可能使发话人措手不及；接听过迟，则又有可能怠慢发话人。此种规定，在电话礼仪中称作铃响三声法则。遵守这一法则，被视为受话人通话时最基本的教养。

三、认真确认

接听电话之初，受话人应进行规范化的确认：一是以问候对方来确认有人接听电话；二是以自报单位、部门确认对方没有找错地方；三是以自报姓名确认对方没有找错对象。进行确认的具体方式，可以比照发话人"自报家门"的做法进行。务必记住，接听电话时进行确认这一程序，任何时候都不可以被省略。

四、善待错拨

由于种种原因，平时接到别人拨错的电话属于司空见惯之事。碰到此种情况时，不仅不能气恼，而且还应善待对方。通常，应态度和蔼地告知对方打错了电话，然后再帮助对方核对一下错在何处。必要时，还可帮助对方查找其所要拨打的电话的正确号码。

五、专心致志

接听任何电话，均应全力以赴，聚精会神，不允许在接听电话时心不在焉。例如，在接听电话时，不应当同时仍与别人交谈，或者手头仍在从事别的活动，诸如看电视、看书报、抽烟、喝水等，否则难以确保自己对对方所言之事听得清、记得准。

六、少用免提

按照惯例，在办公室里接听电话时，不允许使用免提功能。因为那样就等于将发话人所传递的信息公布于众，此种做法其实是极不尊重对方的。即便当无人在场时使用此项功能，亦应提前向发话人通报，并在取得对方认可后再去使用。使用免提时，只顾自己省事，而不考虑发话人的感受，是一种很无礼的做法。

七、认真兼顾

有时当别人打来电话时，受话人可能还在伏案工作、接待客户或者正在接听另外一个电话。此刻，能否兼顾是很能考验一个人的。忙于工作时，通常不能对外面打进来的电话予以拒绝。正在接待客户或接听另外一个电话时，亦应立刻接听新打进来的电话，但此刻不能厚此薄彼，而应尽快告诉对方自己正在忙于何事，在寒暄之后约定自己过后打电话给对方的时间，然后将其挂断，回过头来再继续处理刚才所做的事情。

八、反复核实

接听公务电话时，一定要及时对电话里的关键之点予以核实。没有听清楚的地方，一定要问清楚；没有记清楚的地方，亦应请求发话人进行复述。即使不存在类似问题，在通话结束前，最好还是扼要地向发话人复述一下刚才通话的要点。这样做，既可以避免差错，又可以显示自己的态度认真。

九、终止有方

终止通话时，具体由哪一方首先挂断电话，在礼仪上很有讲究。按照规范，当通话双方具体地位相仿时，通常被求于人的一方挂断电话，有求于人的一方则不宜如此。若双方通话并不涉及实质性问题时，应由主叫方即发话人挂断电话，被叫方即受话人则不宜首先终止通话。当通话双方具体地位存在较大差异时，则应由其中地位较高的一方首先挂断电话。例如，与上司通话时，应由上司先挂断电话；与客户通话时，则应由客户先挂断电话。

十、及时回复

有时，外面打来电话之际，对方所找之人却不在现场。当时的电话由别人代为接听，或是发话人以录音的方式向自己所找之人留下留言。碰上这类情况，被找之人应尽快地回复对方的电话。必要时，还应具体说明自己当时未能在场的原因。

情景三　代接电话

在工作时，职员经常会代接别人的电话。在代接别人的电话时，除了要遵守接听电话的基本礼仪外，还有下述七条规则必须予以遵守。

一、表明身份

代替他人接听电话时，首先应当向发话人具体说明本人的身份，千万不要对此不置一词，令对方产生误会。在向发话人表明身份时，关键之点是要告知对方本人的具体职务及与对方所找之人的关系，以便对方斟酌是否可请自己代劳或由自己代为转达。

二、区别情况

发话人所找之人不在的情况可区分为以下三种：一是正在忙于他事，不能立即接听电话。二是不在现场，不过一会儿有可能回来。三是因事外出，一段时间之内不可能返回。代接电话时，接听者应详尽地向发话人说明其所找之人不能接听电话的具体原因，以便对方了解情况。此刻，仅仅说一句"你找的人不在"，不仅过于生硬，有时难免还会引起误会。

三、主动帮助

在发话人同意的前提下，代接电话者可在力所能及的范围之内为发话人或其所找之人代劳。具体的做法是：在告知发话人其所找之人不能亲自接听电话的原因，并表明本人的身份后，可诚恳地告知对方：需要的话，我可以帮助你，或者方便的话，我可以代为转达。假如对方对此予以拒绝，则不必勉强。

四、认真记录

为保证不耽误工作，代替他人接听电话时，接听者最好做好笔录。笔录的基本内容，按惯例应为"五 W 一 H"。所谓"五 W"，指的是何人（Who）、何事（What）、何因（Why）、何时（When）、何地（Where）；所谓"一 H"，则是指如何做（How to do）。进行笔录时应一丝不苟，对上述要点要一一记录清楚，不应遗漏。对一些关键性的内容诸如数据、金额、人数、姓名、时间等，更应认真与对方核实。

五、不使久候

倘若发话人所找之人不在现场，但可能就在附近时，征得对方同意后，代接电话者可立刻替对方去找人。不过如果把握不大，或者可能要走较远时，最好先请发话人挂断电话，过一会儿再打过来，或由受话方稍后打过去。千万不要让对方拿着话筒一等再等。在任何情况下，都不应该让对方所等的时间超过两分钟。当对方打长途电话或使用手机时，尤须谨记此点。

六、及时办理

代接电话之后，接听电话者应尽量处理自己向发话人承诺的各项事务。需要自己处理的事情，要马上处理；需要自己转达的事情，要及早转达；需要自己代劳的事情，亦须认真办理。一旦在通话时答应了发话人，就不应当言而无信。无故拖延时间，也是大忌。

七、保守秘密

自己代接的电话，不论涉及公务还是私事，代接者均有义务保守秘密。除发话人指定的传达对象之外，不应擅自向其他人直接或间接地扩散与此相关的任何信息。不仅不能随意向外人透露通话的具体内容，即使是对方的姓名、单位与电话号码，也不宜四处宣扬、广而告之。

情境四　手机使用

当前，俗称手机的移动电话在国内已基本普及。职场上，职员几乎人人持有手机，并且在工作中广泛使用。使用手机时，既要遵守普通的电话礼仪规范，又要遵守下述几条特殊的礼仪规范。

一、注意场合

在工作中，使用手机的场合多有讲究。一般而言，在写字间工作时，应尽量少使用手机，而要多利用座机。在接待客户、向领导汇报工作时，也不宜使用手机。为了防止商业秘密的泄露，在参加重要的会晤、谈判或会议时，不但不宜使用手机，而且最好不要随身携带手机。

二、防止噪音

使用手机固然可以为职员提供诸多方便，但在方便自己的同时切莫忘记方便他人。必须牢记，在任何公共场合，尤其是在美术馆、音乐厅、影剧院、咖啡屋、图书馆、俱乐部、候机楼等人员较多却又相对要求安静的地方，都应手机静音，并且不宜当众接听、拨打手机，否则就可能使自己成为惹人讨厌的噪音制造者。

三、安全第一

使用手机时，应充分考虑自己与他人的安全问题。按照有关规定，驾驶汽车、乘坐飞机或者置身病房、油库时，禁止使用手机，否则就可能发生重大事故。除此之外，在军事要地、博物馆内及新产品发布会、新技术研讨会上，为了安全或保密等方面的原因，手机也通常禁用。为了个人信息的安全，私人手机号码通常都是不宜公布于众的。

四、通报变更

目前，移动通信技术发展迅速。职员在使用手机时，往往在机型、制式、卡号等方面可有多种选择。在现实生活中，人们更换手机号码之事时有发生。为了不使工作受到影响，保持自己对外联络的通畅，一旦自己更改了手机号码，应立即向重要的交往对象通报。如果自已拥有两个以上的手机号码，还应向交往对象确认对方联络自己时应以哪个号码为主。不过应当注意：别人出于信任所告知自己的手机号码是不宜随便对外公开的。

五、巧用短信

在手机的多种功能里，有不少人对短信息情有独钟。在公务交往中，往往可以使用短信息与他人进行联络、沟通。但在使用短信息时有下述六条禁忌：一是忌滥，不应以短信息骚扰别人。二是忌骗，不应利用短信息四处欺诈。三是忌假，不应使他人的手机充斥着自己制造的弄虚作假的短消息。四是忌黄，不应利用短信息宣扬低级趣味。五是忌黑，不应扩散反动、封建、违法、犯罪的短信息。六是忌虚，不应在发送短信时不署本人姓名，令对方不知自己是何方神圣。

六、遵守法律

在任何地方、任何国家使用手机都应自觉地遵守相关的法律。凡明文规定禁止使用手机或规定禁用手机某些功能的地方，职员都不能贸然犯禁。平时亦应注意：未经正式允许，不应使用手机偷偷进行录音、拍照、摄像、上网或以其他方式向外界传递本单位内部信息。利用手机窃取情报，属违法行为。

七、不宜借用

手机纯属私人用品。它不仅本身价格高昂，而且通话费用也相对较高，所以在一般情况下，不应当向别人借用手机。至于向陌生之人借用手机则更属不当。万不得已借用了他人的手机，一定要少用早还，并且事后应当诚恳地感谢对方。

八、置放到位

在较为正式的场合，手机不宜乱拿、乱放。不论将其直接握在手里还是将其挂在手腕、胸前、腰间，看起来都不甚美观。方便的话，还是把手机放入公文包或手袋内为宜。若不妨碍服装外观，亦可把它放在上衣衣袋之内。

【情境案例】

　　邱女士在北京音乐厅听一场由著名大师指挥的交响乐。音乐演奏到高潮处，全场鸦雀无声，听众皆凝神谛听，突然邱女士手机铃声响起，在宁静的大厅中显得格外刺耳。演奏者、观众的情绪都被打断。大家纷纷回头用眼神责备这位不知礼者。
　　思考题：
　　手机声为什么会引起人们的反感？

■ 【情境演练】

国庆假期,小焕等四人要到北京自助游,感受盛大节日的气氛。她通过网络搜寻到北京一家三星级酒店的电话,想先打电话预订房间并了解用餐的具体情况和收费标准,请好朋友小丽替她打预订电话。

1. 角色:旅游者小焕,好朋友小丽,服务员。
2. 知识点:电话用语,介绍,交谈,态度。

模块七　礼仪形象的塑造

【知识目标】

◇认识职业礼仪在职业形象塑造中的重要性
◇认识职业礼仪与职业形象的关系
◇认识职场礼仪

【能力目标】

◇掌握职场人士应该具备的职场礼仪规范
◇掌握并运用职场礼仪提升个人形象

【素质目标】

◇由内而外提升个人形象气质

礼仪是人们步入文明社会的"通行证"。人类自诞生那天起便开始了对文明与美的追求。礼仪促使人类社会不断摆脱愚昧、野蛮、落后，促使整个社会不断进化，是一个国家、一个民族进步、开化与兴旺的标志。我国作为东方文明古国和东方文化的发源地，素有"礼仪之邦"的美誉。数千年对文明的不懈追求，形成了丰富多彩的东方文化和礼仪。今天，随着社会生产力的不断发展，物质生活条件的逐步改善，社会文明程度的日益提高，人们对礼仪备加推崇。讲文明、懂礼貌、尊重他人、服务社会已成为人们的共识。无论是人际的、社会的、国与国之间的交往，抑或是旅游、商业、服务业等行业的接待服务工作，都离不开对礼仪规范的遵守。现代人都开始注重文明修养，讲究礼仪，几乎每个人都成为礼仪的载体、文明的化身。

礼仪是人们在社会交往过程中形成的并得到共同认可的各种行为规范，它是人们以一定的程序、方式来表现的律己、敬人的完整行为。它体现了一个国家、一个民族、一个地区的道德风尚和人们的精神面貌。所以，礼仪是人类精神文明的产物。

情境一　会见礼仪

一个人在社会中如欲生存、发展，就必须以各种形式与他人进行交往。因为没有交往就难以合作，没有合作就难以生存、发展。对于交际，不但要积极参与，总结经验，汲取教训，更要重视基本交际礼节的学习，并在实践中正确地加以应用，这样才能尝到交际成功带来的欢乐。

一、称　呼

在社会交往中，交际双方见面时如何称呼对方，这直接关系到双方之间的亲疏、了解程度、尊重与否及个人修养等。一个得体的称呼，会令彼此如沐春风，为以后的交往打下良好的基础，不恰当或错误的称呼，可能会令对方心理不悦，影响到彼此的关系乃至交际的成功。

（一）通常的称呼

（1）称呼姓名。一般的同事、同学关系，平辈的朋友、熟人，彼此之间均可以姓名相称。例如，"王小平""赵大亮""刘军"。长辈对晚辈也可以如此称呼，但晚辈对长辈却不可这样做。为了表示亲切，可以在被称呼者的姓名前分别加上"老""大""小"字相称，而免称其名。例如，对年长于己者。可称"老张""大李"；对年幼于己者，可称"小吴""小周"。但这种称呼多在职业认识中，不适合在校学生。对同性的朋友、熟人，若关系极为亲密，可以不称其姓，而直呼其名，如"春光""俊杰"。对于异性一般则不可这样做。因为若如此，不是其家人，就是其配偶了。

（2）称呼职务。在工作中，以交往对象的职务相称以示身份有别、敬意有加，这是一种最常见的称呼方法。具体做法上可以仅称呼职务，如"局长""经理""主任"等；可以在职务前加上姓氏，例如，"朱总理""李市长""张主任"等；还可以在职务之前加上姓名，这仅用于极其正式的场合，例如："×××主席""×××书记"等。

（3）称呼职称。对于有职称者，尤其是有高级、中级职称者，可以在工作中直接以其职称相称。

（4）称呼学衔。在工作中，以学衔作为称呼，可增加被称呼者的权威性，有助于增强现场的学术氛围。可以在学衔前加上姓氏，如"黄博士"；可以在学衔前加上姓名，如"张明博士"。一般对学士、硕士不称呼学衔。

（5）称呼职业。称呼职业，即直接以被称呼者的职业作为称呼。例如将教员称为"老师"，将教练员称为"教练"或"指导"，将专业辩护人员称为"律师"，将财务人员称为"会计"，将医生称为"大夫"或"医生"，等等。一般情况下在此类称呼前，均可加上姓氏或姓名。

（6）称呼亲属。亲属，即与本人有直接或间接血缘关系者。称辈分或年龄高于自己的亲属可以在其称呼前加"家"字，如"家父""家叔"。称辈分或年龄低于自己的亲属可在其称呼前加"舍"字，如"舍弟""舍侄"。称自己的子女则可在其称呼前加"小"，如"小儿""小女""小婿"。对他人的亲属应采用敬称。对其长辈宜在称呼前加"尊"字，如"尊母""尊兄"。对其平辈或晚辈宜在称呼之前加"贤"字，如"贤妹""贤侄"。若在其亲属的称呼前加"令"字，一般可不分辈分与长幼，如"令堂""令爱""令郎"。

（二）几种称呼的正确使用

（1）同志。志同道合者才称同志。如政治信仰、理想、爱好等相同者，都可称为同志。

（2）老师。这一词原意是尊称传授文化、知识、技术的人，后泛指在某些方面值得学习的人。

（3）先生。在我国古代，一般称父兄、老师为先生，也有称郎中（医生）、道士等为先生的。有些地区还有已婚妇女称自己的丈夫或称别人家的丈夫为先生的，现在在我国南方某些地区仍这样使用。

（4）师傅。这一词原意是指对工、商、戏剧行业中传授技艺的人的一种尊称，后泛指对所有有技艺的人的称谓。

（5）小姐。《现代汉语词典》中，"小姐"解释为：旧时对未婚女子的称呼；母家的人对已出嫁的人也称为小姐。"小姐"这一称谓在我国可谓冷热几十年，宠辱一口间，颇体现出了中国特色。

（三）称呼的技巧

（1）初次见面更要注意称呼。
（2）称呼对方时不要一带而过。
（3）关系越熟越要注意称呼。

二、介　绍

介绍是社交活动最常见、也是最重要的礼节之一，它是初次见面的陌生双方开始交往的起点。介绍在人与人之间起桥梁与沟通作用，短短几句话就可以缩短人与人之间的距离，为进一步交往开个好头。

（一）介绍的基本规则

1. 先将男士介绍给女士

例如，介绍王先生与李小姐认识，介绍人应当引导王先生到李小姐面前，然后说："李小姐，我来给你介绍一下，这位是王先生。"注意在介绍的过程中，被介绍者的名字总是后提。

2. 将年轻者介绍给年长者

把年轻者引见给年长者以示对前辈、长者的尊敬。如："王教授，让我来介绍一下，这位是我的同学张明。""张阿姨，这是我的表妹王丽。""刘伯伯，我请您认识一下我的表弟李强。"

在介绍中应注意有时虽然男士年龄较大，但仍然是将男士介绍给女士。

1. 先将未婚女子介绍给已婚女子

如"张太太，让我来介绍一下，这位是李小姐。"注意当被介绍者、无法辨别是已婚还是未婚时，则不存在先介绍谁的问题，可随意介绍，如"张女士，我可以把我的女朋友李小姐介绍给你吗？"

2. 先将职位低的介绍给职位高的

在实业界或公司中，在商务场合要先将职位低的介绍给职位高的。如"王总，这位是XX公司的总经理助理刘女士。"注意这里我们先提到的是王总经理，这是因为我们把王总经理的职位看做高于刘女士，尽管王总经理是一位男士，仍不先介绍他。

3. 先将家庭成员介绍给对方

在向别人介绍自己的家庭成员时，应谦虚地说出对方的名字。这不仅是出于礼貌，而且对介绍自己的家庭成员也比较方便。如"张先生，我想请你认识一下我的女儿晓芳。""张先生，请允许我介绍一下我的妻子。"

4. 集体介绍时的顺序

（1）在被介绍者双方地位、身份大致相似者难以确定时，应当使人数较少的一方礼让人数较多的一方，一个人礼让多数人，先介绍人数较少的一方或个人，后介绍人数较多的一方或多数人。

（2）若被介绍者的地位、身份之间存在明显差异，特别是当这些差异表现为年龄、性别、婚否、师生以及职务有别时，则地位、身份为尊的一方即使人数较少，甚至仅为一人，仍然应被置于尊贵的位置，应最后加以介绍，而先介绍另一方人员。

（3）若需要介绍的一方人数不止一人，可采取笼统的方法进行介绍。例如，可以说："这是我的家人""他们都是我的同事"，等等。

（4）若被介绍双方皆不止一人，则可依照礼规，先介绍位卑的一方，后介绍位尊的一方。在介绍各方人员时，均需由尊到卑，依次进行。

（二）自我介绍

1. 自我介绍的基本原则

（1）态度自然。要自然清晰地说出自己的姓名、工作单位、态度不卑不亢，应用友善热忱的目光注视对方。

（2）繁简适宜。自我介绍时根据不同的场合、不同的目的和不同的要求，繁简适当。

（3）语言得体。自我介绍时语言一定要文雅、得体。

（4）克服羞怯心理。要克服羞怯、紧张的心理，自然地做出得体的自我介绍，给对方留下良好的第一印象。

2. 自我介绍的方法

（1）应酬式。应酬式适用于某些公共场合和一般性的社交场合。

（2）工作式。工作式适用于工作场合

（3）交流式。交流式适用于社交活动中，希望与交往对象进一步交流与沟通。

（4）礼仪式。礼仪式适用于讲座、报告、演出、庆典等一些正规而隆重的场合。

（5）问答式。问答式适用于应试、应聘和公务交往。

（三）介绍他人

1. 介绍他人的时机

（1）何人充当他人。

（2）介绍他人的时机。

2. 介绍他人的注意事项

在为他人做介绍时介绍者对介绍的内容应当字斟句酌，慎之又慎。

在交际场合结识朋友，可由第三者介绍，也可自我介绍相识。为他人介绍，要先了解双方是否有结识的愿望，不要贸然行事。无论自我介绍或为他人介绍，做法都要自然。例如，正在交谈的人中，有你所熟识的，便可趋前打招呼，这位熟人顺便将你介绍给其他客人。在这些场合亦可主动自我介绍，讲清姓名、身份、单位（国家），对方则会随后自行介绍。为他人介绍时还可说明与自己的关系，便于新结识的人相互了解与信任。介绍具体人时，要有礼貌地以手示意，而不要用手指指点点。

3. 介绍者与被介绍者的注意事项

被第三者介绍给对方时，要说"您好""久仰久仰"或"见到您非常高兴"，并主动握手或点头示意，表示友善，创造良好气氛。

三、名 片

（一）名片的用途

介绍自身；维持联系；显示个性；拜会他人。

（二）名片的交换

要使名片在人际交往中正常地发挥作用，还须在交换名片时做得得法。遇到以下情况时需与对方交换名片：希望认识对方时；被介绍给对方时；对方提议交换名片时；对方向自己索要名片时；初次登门拜访对方时；通知对方自己的变更情况时；打算获得对方的名片时。

（1）递交名片。

递交名片的姿势是：要双手递过去，以示尊重对方。将名片放置手掌中，用拇指夹住名片，其余四指托住名片反面，名片的文字要正向对方，以便对方观看，若对方是外宾，则最好将名片上印有对方认得的文字的那一面面对对方，同时讲些"请多联系""请多关照""我们认识一下吧""有事可以找我"之类友好客气的话。

递交名片的时间，应当根据具体情况而定。

与多人交换名片时，要注意讲究先后次序，或由近而远，或由尊而卑。

（2）接受名片。

接受他人名片时，应恭恭敬敬，双手捧接，并道感谢。接受名片者应当首先认真地看看名片上所显示的内容，必要时可以从上到下，从正面到反面重复看一遍，必要时可把名片上的姓名、职务（较重要或较高的职务）读出声来。

（3）索取名片。

如果没有必要，最好不要强索他人名片。若索取他人名片，则不宜直言相告，而应委婉表达此层意思：可向对方提议交换名片、主动递上本人的名片；询问对方"今后如何向您指教？"（向尊长者索要名片时多用此法）；询问对方"以后怎么与您联系？"（向平辈或晚辈索要名片时多用此法）。

情境二　馈赠礼仪

一、馈赠礼品的标准

（一）情感性

礼品传递着馈赠人的心意与情感，因此在选择礼品时首先要有情感性。比如在挑选礼品时要与一定的人、事、环境有关联，让受礼人见物思人忆事。所以选择礼品应和送礼时的事件、人物有关，要有一定的寓意。

（二）独创性

随着社会生活水平的进步，人们对礼品的要求也有所不同，新、奇、特的物品往往能给人带来耳目一新的感觉，更容易令人满意和感动。因此，挑选礼品时为了彰显馈赠人的深情厚谊，可以突出独创性。

（三）时尚性

礼品的选择也要做到与时俱进，不要落后于时代。如果用过时的、落后的物品赠送他人，不但说明自己的观念落后，更会让受礼者产生被轻视和被应付的嫌疑。

（四）适俗性

礼品选择时也应注意适俗性。比如民间讲究"伞"同"散"，在馈赠礼品时都应避免。

二、馈赠礼品的场合

馈赠场合即馈赠的具体地点和环境，主要应区分公务场合与私人场合，根据馈赠的场合选择适合的礼品。一般情况下，在这些场合需要馈赠礼品：表示谢意敬意时；祝贺庆典活动时；公共关系礼品；祝贺开张开业时；适逢重大节日时；探视住院病人时；应邀家中做客时；遭受不测事件时。

三、馈赠礼品的礼仪

（一）精心包装

馈赠礼品首先要精心包装，好的包装将使礼品显得更加精致、郑重、典雅，给受赠者留下美好的印象。礼品包装时应注意包装的材料、容器、图案造型、商标、文字、色彩的选择和使用符合相关政策法规和习俗惯例，不要触及或违反受赠方的宗教和民族禁忌。

（二）表现大方

馈赠礼品时应表现大方，畏首畏尾、缩手缩脚都会使人对你产生不良印象，甚至产生误会。

（三）认真说明

认真说明，礼品的选择、用途、性能都应进行认真说明，让对方感受到你的真诚。

四、接受馈赠的礼仪

（一）受礼坦然

接受礼品时，受赠者应保持客观、积极、开放、乐观的心态，要充分认识到对方赠礼行为的郑重和友善，不能心怀偏颇，轻易比较礼品的价值高低或做出对方有求于己的判断。

（二）当面拆封

按照国际惯例，受礼后一定要当面拆启包装，仔细欣赏，面带微笑，适当赞赏。切不可草率打开，丢置一旁，不理不睬。中国人比较含蓄，不习惯当面打开，所以与国人交往时也可遵守这一传统习惯。另外，不是有礼必受，对于有违规越矩送礼之嫌的，应果断或委婉拒绝。

（三）拒礼有方

在拒收礼品时，应保持礼貌、从容、自然、友好，先向对方表达感激之情，再向对方详细说明拒收的原因，切不可生硬地阻挡，以免对方难堪。

五、赠花的礼仪

1. 了解"花卉语"

当我们以花为媒介来传递友谊时，要注意运用正确的"花卉语"，以免出现尴尬。以下是几种常见的花卉的寓意：

荷花——纯洁；
红玫瑰——爱情；
百合——圣洁、幸福；
康乃馨——健康长寿；
毋忘我——永志不忘；
菊花——长寿高洁；
万年青——友谊；
兰花——优雅；
剑兰——步步高升；
松柏——坚强；
橄榄枝——和平；
梅花——刚毅不屈；
竹子——正直；
红茶花——质朴、美德；
牵牛花——爱情；
丁香花——谦逊。

2. 不同场合的赠花

向恋人赠玫瑰花表示"我真心爱你"，蔷薇花象征"我向你求爱，小天使"，桂花表示"我挚意爱你"，这类花卉赠之恋人可收心有灵犀一点通之功。若将这类花卉赠之其他对象则可能导致交际失败。

婚礼赠花可以送由红玫瑰、吉祥草、文竹灯花组成的美丽鲜艳的花束。红玫瑰象征爱情美好；吉祥草祝朋友吉祥如意、生活美满；文竹绿叶葱葱，祝朋友爱情永葆青春。此外，并蒂莲表示"恩爱如初，幸福长存"，百合花象征"百年好合"，它们与红色郁金香等花都是婚礼的理想花卉。

慰问病人，送一束黄月季表示"早日康复"，一束芝兰象征"正气清运，贵体早康"，或送一束松、柏、梅花以鼓励他与病魔做斗争，"坚贞不屈""胜利属于你"。

庆贺生日赠花，年轻一点的可送其火红的石榴花、鲜红的月季花、美丽的象牙花，祝其前程如火样红烈，青春如红般花鲜艳等。

对年老者，赠之以万年青、寿星草、龟背竹等，祝福老人健康长寿，快乐幸福。

3. 赠花的注意事项

正式场合，如组织开张、纪念、庆典等，大多可送花篮；迎宾、欢送、演出中送给演员，大多送花环、花束；宴请、招待会等送胸花；追悼会送花圈以示哀悼。

送花一般不能送单一的白色花，因为会被认为不吉利。送玫瑰花时应送单数，不要送双数，但12除外。不要将红玫瑰送给未成年的小姑娘，不要将浓香型的鲜花送给病人。

送花时最好用彩色透明纸将花包装好，再系一根与鲜花颜色相匹配的彩带，这样既便于携带，又使花显得更漂亮。

情境三　仪式礼仪

一、仪式的定义

仪式是指在人际交往中，特别是在一些比较重大、比较庄严、比较隆重、比较热烈的正式场合里，为了激发出席者的某种情感，或者为了引起其重视，而郑重其事地参照合乎法规与管理的程序按部就班地举行某种活动的具体形式。

二、仪式的种类

迎送仪式、签字仪式、开业仪式、交接仪式、剪彩仪式、颁奖仪式

（一）迎送仪式

1. 迎送仪式前的准备

（1）确定迎送规格。确定迎送规格时同时要注意国际惯例。主要迎送人员通常与来宾身份相当或者相差不大，尽量做到对等、对口。

（2）掌握迎送时间、地点。

（3）注意迎送的细节。

应安排好迎送的车辆，准备献给客人的鲜花，了解对方的背景以及途中交谈的话题等。

2. 正式迎送仪式的程序

在迎接重要客人时要安排正式的迎送仪式，但迎送一般客人可省去正式仪式，主要是做好各项安排。正式迎送仪式的程序如下：

第一，迎送人员应提前到达。重大迎送仪式可安排乐队，在客人抵达或离开时乐队奏乐。

第二，安排献花。如涉外迎送仪式等，通常由儿童或少女在迎送主要领导人时与客人握手之后，将鲜花献上。

第三，相互介绍。双方见面握手、拥抱或贴面等礼节之后，迎接人要与客人之间相互介绍，可由礼宾交际人员介绍，也可由欢迎人员中身份最高的人介绍。

第四，陪车。客人抵达后，由机场（车站或码头）到安排好的住地，或访问结束由住地到机场（车站或码头），有时需要安排主任陪同乘车。陪车时应请客人坐在主人的右侧，议员坐在司机旁边。上车时，最好客人从右侧上，主人从左侧门上，以避免从客人座前穿过。如果客人先上车坐了主人的位置，则不必请客人挪动位置。

3. 迎送中应注意的礼仪

（1）迎宾礼仪。

见到客人光临，应主动上前彬彬有礼地问候，表示热忱的欢迎。

陪同客人步行，一般应在客人的左侧，以示尊重。如果是主陪陪同客人，那要与客人并行同行。如属随行人员，应走在客人和主陪人员的后边。负责引导时应走在客人左前方一两步的地方和客人的步速一致，遇到路口或转弯处应用手示意方向并加以提示。乘电梯时，如有专人服务，应请客人先进，如无专人服务，接待人员应先进去操作，到达时请客人先行。进房间时，如门朝外开，应请客人先进，如门朝里开，陪同人员应先进去扶住门，然后再请客人进入。

（2）送宾礼仪。

将宾客送出门，直到在视野中消失。

（二）签字仪式

签字仪式是组织与对方经过会谈、协商，形成了某项协议或协定，再互换正式文本的仪式。它是一种比较隆重的活动，礼仪规范也比较严格。

1. 签字仪式的准备

签字仪式是具有"里程碑"意义的大事，组织应予以充分准备，做到万无一失。

（1）准备待签文本。

在准备文本的过程中，除了要核对谈判协议条件与文本的一致性以外，还要核对各种批件，主要是项目批件、许可证、设备分交文件、用汇证明、订货卡等是否完备，合同内容与批件内容是否相符，等等。

（2）布置签字场地。

签字场地有常设专用的，也有临时以会议厅、会客室来代替的。布置的总原则是要庄重、整洁、清净。

一间标准的签字厅应当在室内铺满地毯，除了签字必用的桌椅外，其他一切的陈设都不需要，正规的签字应为长桌，其上最好铺设深绿色的台呢。

按照仪式礼仪的规范，签字桌应当横放。在其后，可摆放适量的坐椅。签署双边性合同时，可放置两张坐椅，供签字人就座。签署多边性合同时，可以仅放一张坐椅，供各方签字人签字时轮流就座。也可为每位签字人各自提供一张座椅。

在签字桌上应事先安放好待签文本，以及签字笔、吸墨器等签字时所用的文具。

与外商签署涉外商务合同时，须在签字桌上插放各方的国旗。插放国旗时，在其位置与顺序上，必须依照礼宾序列而行。例如，签署双边性文本时，有关各方的国旗须插放在该方签字人座椅的正前方。如签署多边性合同、协议等时，各方的国旗应依一定的礼宾顺序插在各方签字人的身后。

（3）安排签字人员。

2. 签字仪式的程序

（1）签字仪式开始。

签约仪式正式开始后，参加签约仪式的有关各方代表及特邀嘉宾进入签约仪式现场，在既定的位次上坐好。

（2）签字人签署文本。

签约人签署文本通常的做法是先签署己方保存的合同文本，接着再签署他方保存的合同文本，这一做法在礼仪上称为"轮换制"。

（3）交换合同文本。

签完字，双方签字人员起立，交换已经由各方正式签署的文本，并握手致意，互致祝贺。这时全场应鼓掌响应，表示祝贺。

（4）共同举杯庆贺。

交换已经签订的合同文本后，服务人员会用托盘端上香槟酒，双方签约人员举杯同庆以增添合作愉快的气氛。

（5）有秩序退场。

退场时，可安排客方人员先走，主方人员送客后再离开。

（三）开业仪式

开业仪式，是指在单位创建、开业，项目完工、落成，某一建筑物正式启用，或是某工程正式开始之际，为了表示庆贺和纪念，而按照一定的程序所隆重举行的专门的仪式。筹备和举行仪式始终应按着"热烈、隆重、节约、缜密"的原则进行。

1. 开业庆典的准备

(1) 做好舆论宣传。

举办开业典礼的主要目的是提高组织的知名度与美誉度,塑造良好的组织形象,因此必须运用传媒在报纸、电台、电视台广泛发布广告以引起公众的注意。

(2) 拟订宾客名单。

开业典礼影响力的大小在很大程度上取决于参加典礼的主要宾客的身份和人数的多少。因此,提前一周左右的时间邮寄或派人送到有关单位和个人,以便对方早做安排。

(3) 布置现场环境。

张贴横幅,铺设地毯,安排礼仪小姐迎接,提前准备好签到表和宣传资料。

(4) 安排接待服务。

开业典礼现场一定要有专人负责来宾的接待工作。

(5) 拟订仪式程序。

为了使开业典礼顺利进行,在筹备时必须草拟具体程序,并选好主持人。

(6) 准备馈赠礼品。

馈赠礼品不仅是对出席开业典礼人士的感谢,而且能够起到很好的广告效应。

2. 开业仪式的种类

有开幕仪式、奠基仪式、开工仪式、落成仪式、下水仪式、开通仪式。下面以开幕仪式为例对此作以讲解。

开幕仪式。开幕仪式是开业仪式常见的形式之一,通常是指公司、企业、宾馆、商店、银行等启用前,或各类商品的展示会、博览会、订货会正式开始之前,所正式举行的相关仪式。每当开幕仪式举行之后,公司、企业、宾馆、商店、银行等将正式营业,有关商品的展示会、博览会、订货会将正式接待顾客与观众。一般举行开幕式时要在比较宽敞的空间中进行,如门前广场、展厅门前、室内大厅等处,都是较为合适的地点。

开幕式的主要程序为:

第一,宣布仪式开始,全体肃立,介绍来宾。

第二,邀请专人揭幕或剪彩。揭幕时揭幕人行至彩幕前恭敬地站立,礼仪小姐双手将开启彩幕的彩索递交对方。揭幕人随之目视彩幕,双手拉起彩索,令起展开彩幕。全场目视彩幕,鼓掌并奏乐。

第三,在主人的亲自引导下,全体到场者依次进入幕门。

第四,主人致词答谢。

第五,来宾代表发言祝贺

第六,主人陪同来宾参观,开始正式接待顾客或观众,对外营业或对外展览宣告开始。

(四) 交接仪式

交接仪式是指施工单位将已建设完的工程项目,如商厦、厂房、车站、码头等,经验收合格后正式移交给使用单位时所举行的庆祝典礼仪式。

1. 交接仪式的准备

（1）会场的布置。

举行交接仪式的现场，亦称交接仪式的会场。在对其进行选择时，通常应视交接仪式的重要程度、全体出席者的具体人数、交接仪式的具体程序与内容，以及是否要求对其进行保密等几个方面的因素而定。

（2）人员的邀请。

从原则上来讲，交接仪式的出席人员应当包括：施工、安装单位的有关人员，接收单位的有关人员、上级主管部门的有关人员，当地政府的有关人员，行业组织、社会团体的有关人员，各界知名人士、新闻界人士，以及协作单位的有关人员，等等。

（3）物品的准备。

在交接仪式上，东道主一方应提前准备如下物品：作为交接象征之物的有关物品，如验收文件、一览表、钥匙等。验收文件是指已经工整的由交接双方正式签署的接受证明性文件；一览表是指交付给接收单位的全部物资、设备或其他物品的名称、数量明细表；钥匙是指用来开启被交接的建筑物或机械设备的钥匙，因其强烈的象征性，预备一把即可。交接仪式主办单位还要为来宾准备一份薄礼，这一礼品应突出纪念性、宣传性，如被交接的工程项目、大型设备的缩微模型，或有关的画册、明信片、纪念章、领带针、钥匙扣等。

2. 交接仪式的程序

（1）交接仪式开始。

主持人宣布交接仪式正式开始。此刻，全体与会者应当进行较长时间的鼓掌，以热烈的掌声来表达对东道主的祝贺之意。

（2）交换有关文件。

由施工、安装单位的代表，将有关工程项目、大型设备的验收文件、一览表或者钥匙等象征性物品，正式递交给接收单位的代表。此时，双方应面带微笑、双手递交、接收有关物品。在此之后，还应握手。至此，标志着有关工程项目或大型设备已经被正式地移交给了接收单位。

（3）双方代表发言。

按惯例，在交接仪式上，须由有关各方的代表进行发言。他们依次应为：施工、安装单位的代表，接收单位的代表，来宾的代表，等等。

（4）宣布仪式结束。

随后安排全体来宾进行参观或观看文娱表演。此时此刻，全体与会者应再次进行较长时间的热烈鼓掌。

（五）剪彩仪式

剪彩仪式是有关组织为了庆贺其成立、开业，如大型建筑物落成，新造的车船和飞机出厂，道路桥梁落成，动车首次通车，大型展销会、展览会的开幕等而举行的一种庆祝活动。

1. 剪彩的由来

1912 年，美国的圣安东尼州的华狄密镇上有一家大百货公司将要开张，老板威尔斯严格地按照当地的风俗办事，在早早就开着的店门前横系着一条布带，万事俱备，只等开张。这时，老板威尔斯十岁的女儿牵着一只哈巴狗从店里匆匆跑出来，无意间碰断了这条布带。这时在门外等候的顾客及行人以为正式开张营业了，蜂拥而入，争先恐后地购买货物，真是生意兴隆。不久，当老板的一个分公司又要开张时，想起第一次开张时的盛况，又如发炮制。这次是有意让小女儿把布带碰断。果然财运又不错。于是，人们认为让女孩碰断布带的做法是一个极好的兆头，因而争相效法，广为推行。此后，凡是新开张的商店都要邀请年轻的姑娘来撕断布带。

后来，人们又用彩带取代色彩单调的布带，并用剪刀剪代替用手撕，有的讲究用金剪子。这样一来，人们就给这种正式做法取了个名——剪彩。剪彩的人也逐步被一些德高望重的社会名流甚至国家元首代替。

2. 剪彩仪式的礼仪规则

（1）邀请参加者。

剪彩仪式上对于剪彩人员必须认真进行选择，并事先进行必要的培训。确定剪彩者和助剪者。

（2）准备工作。

准备好剪彩用具：红色缎带、剪刀、托盘、白色薄纱手套、红色地毯。

（3）剪彩者形象。

剪彩者要注意仪容仪表，要举止大方，注意自己的言谈。

（4）仪式开始。

主持人宣布仪式开始，乐队演奏音乐，全体当场者应热烈鼓掌。

（5）进行剪彩。

由剪彩者进行剪彩。

（6）参观庆贺。

剪彩结束，邀请全体当场者进行参观庆贺。

（六）其他仪式

1. 升旗仪式

国旗是一个国家的标志，是国家及其民族精神的象征。人们在举行各种活动时，常常以举行升旗仪式表示对国旗的热爱和尊重。

2. 颁奖仪式

颁奖仪式是指为了表彰、奖励某些组织和个人所取得的成绩、成就而进行的仪式。其礼仪主要有：

（1）颁奖仪式的准备。

（2）颁奖仪式的程序。

大会开始前播放音乐，锣鼓队敲锣打鼓欢迎授奖人员和来宾入座，或奏乐欢迎受奖人员和宾客入座。组织负责人主持会议，宣布大会开始。有关领导讲话，介绍重要来宾、宣读颁奖决定和人员名单。

举行颁奖时，由组织请来的重要宾客、上级领导或本组织的负责人担任颁奖人，受奖人在工作人员的引导下，按顺序依次上台领取证书、勋章。此时可敲锣打鼓，如果受奖的是外国领导人或是知名人士，最好有乐队伴奏，悬挂两国国旗。颁奖时，颁奖人面向公众，受奖人站在颁奖人对面接受奖品、荣誉证书、奖杯等。同时，双方互相握手示意祝贺感谢。然后受奖者向公众示意，或鞠躬，或挥手，或举起奖状、证书、奖杯。接下来请来宾致贺词，由颁奖者和受奖者先后致词。最后大会宣布结束，音乐、锣鼓再次奏响，欢送受奖人员和全体来宾。

颁奖仪式结束后，组织一般要安排一些文艺演出或播放影片以助兴。

三、仪式的作用

在当今社会，对组织而言仪式有着重要的作用，它有利于提高组织的知名度和美誉度，塑造组织形象；有利于鼓舞员工的士气，激发员工对本组织的热爱，培育组织员工的价值观念，增强组织的凝聚力；有利于传递组织的信息，为组织赢得更多的成功机会和合作伙伴；有利于沟通情感，传达意愿，增进友情。讲究仪式礼仪是现代交际的一项重要内容，也是组织成功的关键。

情景四　餐饮礼仪

一、宴会的种类

（1）工作宴会。又称工作餐，是一种多边进餐的非正式宴请形式。工作餐不重交际形式而强调方便务实，不需事先发请柬，只需邀请与某项特定工作有一定关系的领导、技术人员和其他有关人员，一般不请配偶。

（2）冷餐会。又称冷餐招待会、自助餐，是一种方便灵活的宴请形式。这种宴请形式，一是不设固定席位，客人可以自由活动，边走边吃；二是便于接触交谈，广泛交往；三是可以容纳更多的来宾。其布置也比正式宴会简便，可以在室内或院子里进行。

（3）酒会。又称鸡尾酒会。以招待酒水为主，略备小吃。

（4）家宴。即一般在家中设便宴招待客人，用以表示亲切、友好。它在社交和商务活动中发挥着敬客和促进人际交往的重要作用。西方人喜欢采取这种形式。

二、宴会的组织

（一）确定宴会的目的与形式

（二）确定宴请时间和地点

一般来说，宴会时间不应与宾客工作、生活安排发生冲突，通常安排在晚上 6~8 点。同时还应注意在宴请时间上要尽量避开对方的禁忌日。

（三）邀　请

当宴请对象、时间和地点确定后，应提前 1~2 周制作、分发请柬，以便被邀请的宾客有充分的时间对自己的行程进行安排。

（四）确定宴会规格

宴会规格对礼仪效果的影响是十分明显的。宴会规格一般应考虑宴会出席者的最高身份、人数、目的、主人情况等因素。

（五）席位安排

（1）由两桌组成的小型宴会，当两桌横排时，其桌次以右为尊，以左为卑。（面门定位）

（2）当两桌竖排时，其桌次则讲究以远为上，以近为下。这里所谓的远近，是以距正门的远近而言的。（以远为上）

（3）三桌或三桌以上所组成的宴会，通常又叫多桌宴会。在桌次的安排上除了要遵循"面门定位""以右为尊""以远为上"这三条规则外，还应兼顾其他各桌距离主桌，即第一桌的远近。通常距主桌越近，桌次越高；距主桌越远，桌次越低。

（4）席位安排。排列位次的方法是主人大都应当面对正门而坐，并在主桌就座；举行多桌宴请时，各桌之上均应有一位主桌主人的代表就座，其位置一般与主桌主人同向，有时也可面对主桌主人；各桌之上位次尊卑，应根据其距离该桌主人的远近而定，以近为上，以远为下；各桌之上距离该桌主人相同的位次，讲究以右为尊，即以该桌主人面向为准，其右为尊，其左为卑。

（5）餐具的准备。根据宴请人数和酒、菜的道数准备足够的餐具。餐具上的一切用品均要清洁卫生，桌布、餐巾都应浆洗洁白熨平。玻璃杯、酒杯、筷子、刀叉、碗碟，在宴用之前应洗净擦亮。

（6）宴请程序。

三、赴宴的礼仪

（1）认真准备。出席宴会前要认真梳洗打扮，以示对主人及参加宴会者的尊重。

（2）按时抵达。赴宴要遵守约定的时间，既不要迟到，也不要太早。迟到是非常失礼的，去早了又显得急于进餐，主人未准备好，难免尴尬，也不得体。最好事先探询一下，可依据请柬注明的时间，稍微提前一点。如果你与主人关系亲密，则不妨早点到达，以帮助主人招待宾客，或做些准备工作。

（3）礼貌入座。通常客人的座位是男女主人安排，客方不要自己决定，亦不要过分客气、推让。在服务人员的引导下按照主人安排的座次入席，不能乱坐座位。入座时，要和其他客人礼让，并从椅子左边入座。如与上司同行，必要时应为上司作介绍，当主人或上司入座后才能从椅子左方入座。

（4）注意交谈。边吃边谈是宴会的重要形式，应当主动与同桌人交谈，特别注意同主人方面的人交谈，不要总是和自己熟悉的人谈话。谈话的内容要轻松、高雅、有趣，不要涉及对方敏感、不快的问题，不要对宴会和饭菜妄加评论。

（5）文雅进餐。吃相要文雅，举止要得体。

（6）学会祝酒。菜上来后，一般主人会起立敬酒，客人也应起立回敬。如果自己不善饮酒，可用饮料代之。当主人斟酒时应表示感谢，要留于余地，不能一饮而尽，要慢慢品味。敬酒时必须先与主人碰杯，如果人多，可同时举杯致意。如果向同一个人敬酒，应该等身份比自己高的人敬过之后再敬。碰杯时应该双方都站起来，举杯至眼睛高度，饮完后再对视。在主人，主宾敬酒祝词时，应停止进餐仔细倾听，这是最基本的礼貌。

（7）告辞致谢。宴会未结束而自己已吃好，一般不可中途离席。等主人示意宴会结束起身离席后，客人才可依次离席。离开前应向主人道谢，如"谢谢您的款待""您真是太好客了""菜肴丰盛极了"，并向其他客人告别，再握手告辞。如果客人有事要提前离席，则应向主人及同席的客人致歉。

四、西餐的礼仪

（1）上菜顺序。西餐上菜的一般顺序是：① 开胃前食；② 汤；③ 鱼；④ 肉；⑤ 色拉；⑥甜点；⑦ 水果；⑧ 咖啡或茶等。菜肴从左边上，饮料从右边上。

（2）餐巾使用。入座后先取下餐巾，打开，铺在双腿上。

（3）刀叉使用。吃西餐时，通常用左手持叉、右手持刀。用叉按住食物，用刀子切割，然后用叉子叉起食物送入口中，切不可用刀送食物入口。

（4）用餐礼节。

五、其他会务礼仪

（一）茶话会礼仪

（1）茶叶的种类。绿茶、红茶、乌龙茶、白茶、黑茶。

（2）饮茶的礼仪。共分十个步骤：嗅茶，主要向客人介绍茶叶品种、特点、风味，客人传递嗅赏；装茶，用茶匙装，切勿用手抓；润茶；冲泡；浇壶；温杯；运茶，茶泡好后，将茶壶提起在茶船边巡行数周，以免壶底水珠滴入茶盅变味；倒茶，将茶盅一字排开，来回冲注，以免浓淡不均；敬茶；品茶。

（3）茶话会的准备。茶点的准备、场地的安排都应提前做好。

（4）茶话会的举行。主办方宣布开始，主要负责人与与会者开始发言。

（二）座谈会礼仪

（1）发送通知。通知应注明开会的时间、地点和目的。

（2）会前礼仪。安排好座次及会中服务。

（3）会中礼仪。参加会议的每个人，都有发言和提出见解的权利，不要孤立或冷落某个人或某部分人。

（4）结束礼仪。主持人宣布座谈会结束，全体与会者应鼓掌致意。

【情境演练】

礼仪训练

一、餐饮礼仪

某公司（赞助商）的业务经理，与客户一起在餐厅吃饭。

1. 角色：职员2名、上司1名、服务员1名。

2. 知识点：握手、仪态、用餐礼仪、敬语、交谈、整体形象。

二、接待、拜访礼仪

某公司（赞助商）的业务员推销某产品，秘书接待并引荐给公司总经理。直到谈话结束，秘书送客。

1. 角色：总经理、秘书、业务员共3人。

2. 知识点：握手、介绍、仪态、交谈、名片、引导手势等。

【情境延伸】

你懂得职场礼仪吗

下列第1～50测试题中，选项A、B、C分别得分为2分、1分、0分。

1. 作为职场新人，通常你选择的着装风格是：

A. 清爽而干练

B. 隆重而华丽

C. 不讲究，看到什么穿什么

2. 通常你会何时到达面试现场?

A. 提前 10-15 分钟到达面试地点

B. 提前半小时以上到达

C. 常常会迟到或是匆匆忙忙赶到

3. 如因有要事迟到或缺席面试,你会如何处理?

A. 第一时间打电话通知该公司,并预约另一个面试时间

B. 到面试时,再打电话通知该公司

C. 事后再向公司解释不能到场的原因

4. 在与面试官交流时,你的目光是怎样的?

A. 不时注视着面试官

B. 通常会看着桌面

C. 死死地盯住面试官

5. 你会选择哪种方式与面试官握手?

A. 双眼直视对方,右手坚实而有的力与其握手

B. 伸出两只手握住对方

C. 轻轻地用指尖碰一下面试官的手

6. 你在面试时会选择以下哪种坐姿?

A. 坐满椅子的三分之二,身体稍向前倾

B. 坐满椅子,身体紧贴椅背

C. 只坐椅子的三分之二,身体靠到椅背上

7. 你在与人交谈时,有摸头发或耳朵的习惯吗?

A. 没有

B. 偶尔有

C. 有,每几分钟就会出现这样的手势

8. 在与面试官交流时,你通常的表现是:

A. 回答迅速,谈吐自如

B. 只回答面试官的提问

C. 滔滔不绝,一直都是你在说话

9. 你有没有在面试前吸烟、吃辛辣的习惯?

A. 没有

B. 偶尔有

C. 有

10. 别人对你的普通话评价通常是:

A. 很标准,而且说话很有亲和力

B. 一般,没有什么特别深的印象

C. 地方口音太重

11. 公司会议上，你说话的语速是：

A. 适中

B. 比较快

C. 十分缓慢

12. 一般情况下，面试官让你进行自我介绍，你最常使用的表达方式是：

A. "我的老师和朋友给我的评价是……"

B. "我认为我是……的人"

C. "我妈常说我是……的人"

13. 在与面试官交流时，你会常常使用感叹词或停顿词吗？

A. 不会

B. 偶尔

C. 常常使用

14. 面试后的两三天内，作为求职者的你，会给招聘人员写信表示感谢吗？

A. 无论结果如何，都会写信表示感谢

B. 面试后，自己感到满意才会写

C. 从来不写

15. 当你正在进行自我介绍时，主考官打断你，你会：

A. 微笑着看着他，并仔细倾听

B. 听他说，但表情生硬

C. 感到非常恼怒

16. 在面试时你将如何处理你的手机？

A. 将手机调整为静音

B. 将手机调整为振动

C. 不作任何处理

17. 在以往的面试经历中，你曾说过类似于"以前单位薪水太低"的话吗？

A. 没有

B. 偶尔有

C. 经常会这样说

18. 在准备面试简历时，你曾将他人的成果当作自己的吗？

A. 没有

B. 只有过一两次

C. 经常

19. 你将如何应对面试官的提问？

A. 归纳总结后作简单的阐述

B. 简单回答，但一般不会超过两句话

C. 只针对问题回答是或者不是

20. 你会在面试前调查了解该单位的企业文化吗?

A. 会

B. 偶尔会

C. 不会

21. 初到一个新单位,你会选择以下哪种为人方式?

A. 积极地向前辈请教业务问题

B. 和人缘较好的同事打成一片

C. 独来独往,小心为人

22. 领导让你完成一个你认为有争议的任务,你会:

A. 向领导说出你的见解,与他取得协调

B. 一切听从领导的安排

C. 直接拒绝

23. 初到新单位,别人都在忙,自己却没事,你会:

A. 为复印机加纸,给饮水机加水,主动询问对自己是否有安排

B. 带一本学习类的书看

C. 打电话给朋友聊天

24. 在陌生的工作环境,肯定会有很多不懂的事情,这个时候你会:

A. 向老同事请教

B. 自己查找资料解决

C. 与一起进公司的同辈讨论

25. 你会向同事说"早安"吗?

A. 会

B. 心情好的时候会

C. 从来不

26. 在单位接座机电话时你会说"你好,×××公司"吗?

A. 会

B. 偶尔会

C. 不会

27. 公司里的保洁人员帮你清理了摔碎的玻璃杯,你会向她道谢吗?

A. 会

B. 不一定

C. 不会,这是她的本职工作

28. 早上,在写字间的电梯里看到有人急匆匆地向电梯跑来,你会:

A. 帮她(他)按住开门键

B. 装作没看见

C. 赶快按关门键

29. 在公司举行的周年派对上，某人说你的打扮很"土"，你会：

A. 友好地听他说

B. 不予理睬

C. 向旁边人说"他不懂欣赏"

30. 接受别人递来的名片时，通常你会：

A. 双手接受

B. 右手单手接受

C. 左手单手接受

31. 中午逛街回到办公室，脚很酸痛，你会：

A. 用手按摩一下小脚肌肉

B. 把脚抬到桌上

C. 脱掉鞋子

32. 上班时间接到私人电话，你会说很长时间吗？

A. 不会

B. 偶尔

C. 经常

33. 你会翻动同事的业务资料吗？

A. 不会

B. 偶尔

C. 会

34. 每天下班以后，你会将自己的办公桌整理整齐吗？

A. 会

B. 偶尔会

C. 不会

35. 你会在办公室里化妆吗？

A. 从来不

B. 偶尔

C. 经常

36. 如果有同事叫你一起投资买股票，你会：

A. 婉言谢绝

B. 直接拒绝

C. 接受

37. 你在公司有打听或是传播小道消息的习惯吗？

A. 没有

B. 偶尔有

C. 有

38. 在炎热的夏天，你会穿吊带背心到单位上班吗？

A. 不会

B. 偶尔穿过一两次

C. 经常穿

39. 你的女上司生病，你会怎么做？

A. 打电话表示问候

B. 约几个同事一块儿探望她

C. 不采取任何行动

40. 你有过在男上司面前补妆的经历吗？

A. 基本没有

B. 偶尔有过一两次

C. 经常这样

41. 周末，在百货商店偶遇上司，你会选择以下哪种问候方式？

A. "您好"

B. "您好，上周那个计划书我已经放在你桌上"

C. "您怎么也在这儿逛啊，听说 XX 品牌也在打折……；这是你老公吧，你们真有夫妻相呢……"

42. 上司是你多年的好友，在公司里你会当着其他同事的面跟他聊私事吗？

A. 不会

B. 偶尔会

C. 经常

43. 你会在好友聚会上谈及公司机密吗？

A. 从来不会

B. 偶尔会

C. 经常谈及

44. 如果你对上司的指示有怀疑，你会：

A. 向他再确认一遍

B. 直接指出错误

C. 领导怎么说就怎么做

45. 在公司举行的商务酒会上，你必带的物品是：

A. 名片夹

B. 化妆包

C. 记事本

46. 如果你要对客户进行商务拜访，你会选择以下哪个时间？

A. 上午 10∶30

B. 上午 08∶30

C. 中午 12∶30

47.商务拜访前，你会事先电话联系对方吗?

A. 会

B. 偶尔会

C. 不会

48. 在参加全公司的年终总结大会，你会选择以下哪种服装?

A. 深色西装套裙

B. 深色粗呢大配修身西裤

C. 长袖体恤配牛仔裤

49. 通常你在开会时的表现是：

A. 认真听讲

B. 悄悄翻阅手机

C. 与同事小声聊天

50. 你认为商务会议上的发言，多长时间为最佳？

A. 三分钟左右

B. 四分钟左右

C. 五分钟左右

结果分析

1.80 分以上

毫无疑问，你是一个具有个人魅力和主见的职场人士，你拥有良好的个人形象与修养。你的自信、勤奋及得体的礼仪习惯总能为你赢得同事或领导的认可，所以无论你是新人还是前辈，都会是职场中的佼佼者。

2.50~80 分之间

你是一个具有发展潜力的职场人士，你拥有一定的职场礼仪知识，但在某些方面还有缺点，只要你能够加强对职场礼仪的学习，就可以使自己成为一名具有个人魅力的职场人士，要知道你与成功只有一步之遥。

3.50 分以下

你可能是一个很重视自己外貌或是工作业绩的人，可你往往忽略了一个职场人士应有的礼仪修养。这样所导致的结果是：虽然你有才能，却在职场中越来越被人忽略。要知道不管你的外貌多美、业务能力多强，如果忽略了在职场中的礼仪修养，最终只会在职业生涯中碌碌无为。

附录 实训方案

礼貌用语实训

1. 实训目的

帮助职业人士在工作场合能够正确地使用礼貌用语,从而体现对服务对象的尊重。

2. 实训安排

礼貌用语礼仪实训

课时安排	2课时
实训准备	职业装、数码相机、多媒体教室
实训要求	1. 掌握常使用的礼貌用语及使用方法; 2. 掌握使用礼貌用语时的正确的身体姿态; 3. 掌握使用礼貌用语的正确的面部表情
实训方法	1. 将学生分组,每组5~6个人; 2. 由学生分组练习,教师指导; 3. 学生分组考核,用摄像机等记录学生考核过程; 4. 回放考核过程,学生自我评价,教师总结、点评学生存在的个性与共性问题

3. 实训操作规范

礼貌用语实训操作规范

实训项目	实训要求	操作规范
常用礼貌用语	能够准确而适当地使用礼貌用语	1. "您好" (1)可统一进行问候,而不再一一具体到每个人:可问候对方"大家好!""各位午安!" (2)可采用"由尊而卑"的礼仪惯例,率先问候身份高者,然后问候身份低者。 (3)当被问者身份相似时,可以以"由近而远"为先后顺序,首先问候与本人距离近者,然后依次问候其他人。 (4)问候语还常常会伴随欢迎的使用。例如,"您好,欢迎光临!"在必要时还须同时向被问者主动施以见面礼

续表

实训项目	实训要求	操作规范
常用礼貌用语	能够准确而适当地运用礼貌用语	2．"请" （1）可以单独使用，也可与其他词搭配使用，并伴以适当手势。 （2）适合情况：通常在请求他人做某事时，对他人的关切或安抚表示谦让时，要求对方给予配合时，希望得到他人谅解时，希望得到他人谅解时，都要用"请"字
		3．"谢谢" （1）适用情况：在获得他人帮助时，得到他人支持时，赢得他人理解时，感到他人善意时，婉言谢绝他人时，受到他人赞美时使用。 （2）使用时应面带微笑，目光要注视对方。 （3）必要时，要解释一下致谢的原因，这样不至于令对方感到茫然和不解
		4．"对不起" （1）适用情况：在工作之中，因种种原因而带给他人带来不便，或妨碍、打扰对方时，必须及时地向对方说"对不起"。 （2）可以单独使用。如果需要，它也可与其他礼貌用语组合一起使用
		5"再见" （1）适用情况：在分别时常用的一句告别语。 （2）使用时应面带微笑，目视对方，如有必要可借助动作进一步表达依依惜别，希望重逢的意愿，如握手、鞠躬、摆手等
使用时应注意的问题	1.注意使用时的面部表情	1.面带微笑； 2.目光注视对方
	2.注意使用时的身体姿态	1.站立说话； 2.通过点头、简短的提问等表达对谈话的注意和兴趣

文明用语实训

1．正确使用文明用语，体现对他人的尊敬
2．实训安排

课时安排	2 课时
实训准备	职业装、数码照相机、多媒体教室
实训要求	1．掌握文明用语的使用规范要求。 2．正确熟练地使用文明用语
实训方法	1．将学生分组，每组 5~6 人； 2．由学生分组练习，教师指导； 3．学生分组考核，用摄像机记录学生考核过程； 4．回放考核过程，学生自我评价，教师总结、点评学生存在的个性与共性问题

3. 实训操作规范

实训项目	实训要求	操作规范
文明用语	称呼恰当	1. 区分对象 （1）区分内宾和外宾。一般来说，对外宾要用国际通用的称呼，即对男性称先生，对女性称女士、小姐、夫人。 （2）要注意区分内宾的传统称呼和现代称呼。 2．有主有次 （1）由尊而卑。 （2）由远而近。 3.严防犯忌 （1）没有称呼。 （2）使用不当的称呼
	口齿清晰	1. 语音标准； 2. 语调柔和； 3. 语速适中； 4. 语气谦恭
	用词文雅	1. 不讲粗话； 2. 不讲脏话； 3. 不讲黑话； 4. 不讲怪话； 5. 不讲废话
	语言简洁	1. 简单明了，中心突出； 2. 内容通俗易懂

4. 考核要求

文明语言考核要求

项目考核	考核要求	是否做到	改进措施
文明用语	1.称呼恰当	□是□否	
	2.口齿清晰	□是□否	
	3.用词文雅	□是□否	
	4. 语言简明	□是□否	

电话用语礼仪实训

1. 实训目的

能够正确地使用电话用语，从而体现对服务对象的尊重。

2. 实训安排

电话用语礼仪安排

课时安排	2 课时
实训准备	职业装、电话、数码照相机、多媒体教室
实训要求	1.掌握电话用语的规范要求。 2.正确地使用电话用语
实训方法	1.将学生分组，每组5~6人； 2.由学生分组练习，教师指导； 3.学生分组考核，用摄像机等记录学生考核过程； 4.回访考核过程，学生自我评价，教师总结、点评学生存在的个性与共性问题

3. **实训操作规范**

实训项目		实训要求	操作规范
电话用语	通话前的准备	打电话的准备要求	慎选通话时间； 备好通话内容； 挑准通话地点； 做好心理准备
		接听电话的准备要求	（1）确保畅通； （2）专人职守； （3）预备记录
	通话初始	大电话开始时的要求：问号，自报家门，进行确认	（1）问好。问候对方的用语通常是"您好"或是"喂，您好"，如果通话对方已率先向自己问好，应立即以相同的问候语回对方一句。 （2）自报家门： ① 只报出本单位的全称； ② 自报本单位的全称与所在具体部门的全称； ③ 报出通话人的全名； ④ 报出通话人的 全名与所在具体部门的名称； ⑤ 报出通话人的全名与所在单位的全称以及所在具体部门的名称。 （3）进行确认
		接电话时的开头主要包括三部门：问候、自报家门、询问对方具体事务	当你拿起电话后，首先问候对方，然后自报家门；或是先自报家门再问候对方。如"您好！×××公司，请问您想找哪个部门？"
	通话中	1. 声音清晰	（1）咬字准确； （2）音量适中； （3）速度适中； （4）语句简短； （5）姿势正确
		2. 态度平和	（1）不卑不亢； （2）不骄不躁
		3. 不忘职责	（1）接听及时：电话铃响三次左右及时予以接听。 （2）如因特殊原因不能及时接听电话，就应在拿起听筒后先向对方表示歉意："对不起，让您久等了。"

续表

实训项目		实训要求	操作规范
电话用语	通话中	4. 内容紧凑	每次通话的具体时间，以3～5分钟之内为宜
		5. 主次分明	在相互问好之后，通话双方即转入主题
	通话结束	1.再次重复重点	（1）通话即将结束时，拨打电话的一方应将内容简单复述一下，以便确认双方沟通无误。 （2）为避免给对方以烦闷之感，在重复时应多采用礼貌用语
		2.暗示通话结束	在挂断电话前，应先向通话对象暗示此意
		3.感谢对方帮助	在通话之中，如果对方给予了自己一定程度的帮助，则在即将结束通话时，勿忘向对方正式地进行一次道谢
		4.代向他人问候	如果通话双方是旧交，那么双方在通话结束之前，不妨相互问候一下对方的同事或家人
		5.互相进行道别	结束通话的最后一句话，应当是通话双方互道"再见"
		6.话筒要轻轻挂上	挂机时还应小心轻放，别让对方听到很响的捆机声
	代接电话	代接电话时，服务人员应一如既往地保持友好的态度去帮助对方。不要语气大变，立即挂断电话，更不要对对方的其他请求一概拒绝	（1）如果对方要找的人就在附近，应告知对方稍候片刻，然后立即去找，需要注意的是，不要立即大声喊人，不要让对方等候久，也不要直接询问对方与所找之人是何关系，找他到底有何事情。 （2）如果对方要找的人已经外出，应首先告之对方他要找的人已经外出，然后再去询问对方：来何人，是否有事需要转达，如有事需要转达，应认真记录下来，并尽快予以转交。如果事关重大，则最好不要委托他人代劳，以防泄密。 （3）如果对方要找的人正在忙于他事，不便立即接听，此刻代接电话的人可以实相告于对方，或者告知他要找的人暂时外出。随后可咨询一下对方要不要自己代劳，或者要不要代替双方预约个方便的通话时间
	做好电话记录	在进行电话记录时，除了要选择适当的记录工具之外，最重要的是要力求记好要点内容，并在记完要点之后进行核实	（1）电话记录的内容大致应当包括：来电时间、通话地点、来电人的情况、来电的主要内容及处理方式等。 （2）做好电话记录之后，一定要精心加以保管。 （3）对于重要的电话记录，尤其是涉及行业秘密时，务必要严格地进行保密。 （4）进行电话记录后，有关人员应及时对其进行必要的处理

综合情景模拟训练

【实训目的】运用所学知识，分小组自编、自导、自演礼仪知识情景剧，以巩固所学的知识，并提高学生的兴趣及检验教学成果。

【实训内容】自编、自导、自演情景剧。内容包括：握手，介绍，递名片，服饰，站姿，坐姿，走姿，语言礼仪等。

【实训要求】

1. 每四人一组，如需要可另请同学客串，但客串同学不记分。

2. 自己设定一情景，内容包括：介绍，握手，递名片，站姿，坐姿，走姿，服饰，打扮，语言礼仪等内容。少一项扣10分。

3. 出场后先有同学介绍剧情，人物。

4. 项目评分

项目评分表如下：

	介绍10	握手10	递名片10	走姿10	坐姿10	站姿10	服饰10	语言礼仪10	编排10	总体印象10	总分100
1											
2											
3											
4											
5											

【实训过程】先分小组进行表演，然后由老师，学生点评，最后进行评分。

【实训总结】对同学表演中所出现的问题进行归纳。

仪容实训

实训学时	2课时
实训目的	为各项礼仪工作打下基础
实训要求	掌握职业人士仪容的基本规范，掌握女士化妆的基本操作步骤，并能完成简单妆面

女士化妆的基本要求操作步骤

实训内容	操作标准	基本要求
基本化妆	涂化妆水,用棉球蘸取向脸面叩拍。 涂粉底霜,用手指或手掌在脸上点染晕抹。 上粉底,用手指或手掌在脸上染晕抹,不宜过厚。 扑化妆粉,用粉扑由下而上,扑均匀	眼要自然不着痕,颊宜轻匀,内容可酌情舍弃或变动次序。 此操作仅适合简单快速的淡妆或工作妆,用时10分钟左右。 不在男士面前化妆
眼部化妆	涂眼影:用棉花捧沾眼影在眼周、眼尾、上下眼皮、眼窝处点抹,使人显得温柔。 描眉:蓝灰色打底,棕色或黑色描出适合的眉型。直线型使脸显短,弯型使人显得温柔。 描眼线:用眼线笔沿眼睫毛底线描画	
抹颊红	用腮红轻染轻扫两颊,以髋骨为中心向四周涂匀;长脸型横打胭脂,圆脸型和方脸型竖打胭脂	
画口红	用唇笔描上下唇轮廓,起调整色泽、改变唇型的作用。 涂口红要填满	
检查	发际和眉毛是否沾上粉底霜; 双眉是否对称; 胭脂是否涂匀; 妆面是否平衡; 与穿着是否协调; 适当调整修改	

仪容仪表的测试与提升

1. 自己对着镜子根据自己脸型为自己进行发型设计。实训小组内的成员互相评议打分。
2. 根据自己的脸型及五官的具体形状为自己化个工作妆,实训小组的成员相互评议打分。
3. 测试与提升:请检查自己并填表

测试与提升

自检项目	不足和缺陷	改建方法和要求
头发		
眼睛		
耳朵		
鼻子		
胡子		
嘴部		
脸部		
脖子		
手部		
首饰		
腿部		

4. 组织一次文秘人员"仪容仪表"展示会，学生自己化妆，自己选择适合自己职业身份的服装。

站姿的训练

1. 实训准备：准备一间形体训练室，四面墙安装长度及地的镜子，能从头到脚照到训练人员。

实训学时	2课时
实训目的	为各项礼仪工作打下基础
实训要求	掌握规范的站姿，能自纠错误直至形成习惯

2. 操作规范

实训内容	操作标准	基本要求
侧立式站姿	1. 抬头起，面朝正前方，双眼平视，下颚微微内收，颈部挺直，双肩放松，呼吸自然，腰部直立； 2. 脚掌分开呈"V"字形，脚跟靠拢双膝并严，双手放在脚部两侧，手指稍弯曲，呈半握拳状	站的端正、自然、亲切、稳重，既要做到"立如松"
前腹式站姿	1. 同"侧立式站姿"操作标准第一条； 2. 脚掌分开呈"V"字形，脚跟靠拢双膝并严，双手相交轻握放在小腹处	
后背式立姿	1. 同"侧立式站姿"操作标准第一条； 2. 两脚分开呈"V"字形，两脚平行，比肩宽略窄些，双手在后背轻握放在腰处	
丁字式站姿	1. 同侧立式站姿操作标准第一条； 2. 一脚在前，将脚尖向外略展开，形成斜写的一个"丁"字，双手在腹前相交，身体重心在两脚上，此式限于女性使用	
站得太累时自行调节	两腿微微分开，将身体重心移向左脚或右脚	

3. 站姿训练的方法

（1）按照标准训练站姿，可以靠墙训练，后脑勺、双肩、臀部、小腿及脚后跟都紧贴墙壁立；也可两人一组，背靠背站立。

（2）配轻音乐，训练4种站姿。

坐姿的训练

1. 实训安排

实训时间	2课时
实训目的	为各项服务工作打下基础
实训要求	掌握规范的坐姿，能自纠错误，直至形成习惯

2. 实训准备

准备一间形体训练室，四面墙安装长度及地的镜子，能从头到脚照到训练人员。

3. 操作规范

实训内容	操作标准	基本要求
基本坐姿	1. 入座时，要轻而缓，走到座位前面转身，右脚后退半步，左脚跟上，然后轻轻地坐下； 2. 女性穿裙时需要用手将裙子向前拢一下； 3. 坐下后，上身直正，头正目平嘴巴微闭，脸带微笑，腰背稍靠椅背，两手相交放在腹部或两腿上，两脚平落在地面。男子两膝间的距离以一拳为宜，女子则以不分开为好	坐姿的基本要求是"坐如钟"。具体要求是：坐得端正、稳重、自然亲切，给人一种舒适感
两手摆法	有扶手时，双手轻搭或一搭一放； 无扶手时两手相交或轻握放于腹部；左手放在左腿上，右手搭在左手背上，两手呈八字形放于腿上	
两腿摆法	凳高适中时，两腿相靠或稍分，但不能超过肩宽； 凳面低时，两腿并拢，自然倾斜于一方； 凳面高时，一腿略搁于另一腿上，脚尖向下	
两脚摆放	脚跟与脚尖全靠或一靠一分； 也可以一前一后或右脚放在左外侧	
"S"型坐姿	上体与腿同时转向一侧，面向对方，形成一个优美的"S"型坐姿	
叠膝式坐姿	两腿膝部交叉，一腿内收与前腿膝下交叉，两腿一前一后着地，双手稍微交叉与腿上； 起立时，右脚向后收半步，而后站立； 离开时，再向前走一步，自然转身退出房间	

4. 坐姿训练的方法

（1）对所学的几种坐姿，每次训练坚持20分钟左右，配有轻松优美的音乐，以减轻疲劳。

（2）在日常生活中训练。如在乘车、上课时、伏案看书采用坐姿时，都可以按照以上标准坐姿的要求进行训练，不放过每一次时机，久而久之，优美的坐姿便形成了。

行姿的训练

1. 实训安排

实训时间	2课时
实训目的	为各项服务工作打下基础
实训要求	掌握规范的行姿，能自纠错误，直至形成习惯

2. 实训准备

准备一间形体训练室，四面墙安装长度及地的镜子，能从头到脚照到训练人员。

3. 操作规范

实训内容	操作标准	基本要求
一般走姿	1. 方向明确，在行走时，必须保持明确的行进方向，尽可能地使自己犹如在直线上行走，不突然转向，更忌突然大转身； 2. 步幅适中。就一般人而言，进行时迈出的步幅与本人一只脚的长度相近，即男子每步约40厘米，女子每步36厘米； 3. 速度均匀。在正常情况下，男子每分钟108～118步，不突然加速或减速； 4. 重心放准。行进时身体向前微倾，重心落在前脚掌上； 5. 身体协调，走动时要以脚跟先着地，膝盖在脚步落地时伸直，腰部要成为重心移动的轴线，双臂在身体两侧一前一后地自然摆动； 6. 体态优美。做到昂首挺胸，步伐轻松而矫健。最重要的是：行走时两眼平视前方，挺胸收腹，直起腰背，伸直腿	"行如风"，即走起来要像风一样轻盈。方向明确、抬头、不晃肩，两臂摆动自然，两腿直而不僵，步伐从容，步态平衡，步幅适中均匀，两脚落地成两条直线
陪同客人的走姿	同"一般走姿"； 引领客人时，位于客人侧前2～3步，按客人的速度行进，不时用手势指引方向，招呼客人	
与客人反向而行走姿	同"一般走姿"； 接近客人时，应放慢速度，与客人交会时，应暂停行进，不时用手势指引方向，招呼客人	
与客人方向而行走姿	同"一般走姿"； 尽量不超过客人，必须超过时，要先道歉后超越	
与服务人员同行走姿	同"一般走姿"； 不可并肩同行，不可嬉戏打闹，不可闲聊	

行姿训练的方法

配乐（进行曲）进行行姿训练；前行步，后退步，侧行步，前行转身步，后退转身步。在地上画直线，头顶书本，脚穿高跟鞋或半高跟鞋（女生）踩线行走练习。

蹲姿的训练

1. 实训安排

实训时间	2课时
实训目的	为各项服务工作打下基础
实训要求	掌握规范的蹲姿，能自纠错误，直至形成习惯

2. 实训准备

准备一间形体训练室，四面墙安装长度及地的镜子，能从头到脚照到训练人员。

3. 操作规范

实训内容	操作标准	基本要求
高低式蹲姿	下蹲时,应左脚在前,右脚完全着地,右脚跟提起,右膝低于左膝,右腿左侧可靠于左小腿内侧,形成左膝高右膝低姿势;臀部向下,上身微前倾,基本上用左腿支撑身体。采用此式时,女性应并紧双腿,男性双腿可稍稍分开	1. 在服务行业,一般只有在以下情况,才允许服务人员在其工作中酌情采用蹲的姿势: 整理工作环境; 给予客人帮助 提供必要服务; 捡拾地面物品; 自己照顾自己等几种比较特殊的情况。 2. 采用蹲式时要注意: 不要采用突然下蹲; 不要距人过近; 不要方位失当; 不要随意滥用
交叉式蹲姿	交叉式蹲姿主要适用于女士,尤其是适合身穿短裙的女性在公共场合采用。它虽然造型优美,但操作难度较大。这种蹲式要求在下蹲时,右脚在前,左脚在后,右小腿垂直于地面,全脚着地;右脚往上,左腿在下交叉重叠;左膝从后下方伸向右侧,左脚跟抬起脚尖着地。两腿前后靠紧,合力支撑身体;上体微向前倾,臀部向下	
半蹲式蹲姿	半蹲式蹲姿多为人们行进之中临时采用。它的基本特征是身体半立半蹲式,其主要要求是在蹲下之时,上身稍许下弯,但不宜与下肢构成直角或锐角,臀部务必向下,双膝可微微弯曲,其角度可根据实际需要有所变化,但一般应为钝角。身体的中心应当放在一条腿上,而双腿之间都不宜过度的分开	
半跪式蹲姿	半蹲式蹲姿又叫单跪式蹲姿,它比半蹲式蹲姿的时间较长,一般为了用力方便之时使用。它的基本特征:双腿一蹲一跪,其主要要求是下蹲以后,改用一腿单膝点地,以其脚尖着地,臀部坐在脚跟上;另外一条腿应当全脚着地,小腿与地面;垂直双膝必须同时向外,双腿则宜尽力靠拢	

手、臂势的训练

1. 实训安排

实训时间	2课时
实训目的	为各项服务工作打下基础
实训要求	掌握规范的姿态,能自纠错误,直至形成习惯

2. 实训准备

准备一间形体训练室,四面墙安装长度及地的镜子,能从头到脚照到训练人员。

3. 操作规范

实训内容	操作标准	基本要求
正常垂放	具体做法有以下7种: 双手指尖朝下,掌心向内,手臂伸直后分别紧贴两腿裤线处; 双手伸直后自然相交于小腹之处,掌心向内,一只手在上、一只手在下,叠放在一起; 双手伸直自然相交于小腹处,掌心向内,一只手在上、一只手在下相交; 双手伸直后自然相交于手背后,掌心向外,两只手相握; 一只手紧贴裤线自然垂放,另一只手略弯曲向内搭在腹前; 一只手掌心向外背在背后,另一只手略弯曲,掌心向内搭在腹前; 一只手紧贴裤线自然垂放,另一只手掌心向外背在背后	自然优雅,规范适度,五指伸直并合拢,掌心斜向上,腕关节伸直,手与前臂形成直线,以肘关节为轴弯曲140度左右为宜,手掌与地面形成45度

续表

实训内容	操作标准	基本要求
自然搭放	在站立服务时，身体应尽量靠近桌面或柜台，上身挺直；两臂稍微弯曲，肘部朝外，两手以手指部分放在桌面或柜台，指尖朝前，拇指与其他四指稍有分离，并轻搭在桌子或柜台边缘。应注意不要距离桌子或柜台过远，同时还要根据桌面高矮调整手臂弯曲的程度，尽量避免将上半身趴伏在桌子或柜台上，将整个手掌支撑在桌子、柜台上； 以坐姿服务时，将手部自然搭放在桌子上，身体趋近桌子或柜台，尽量挺直上半身；除采取书写、计算、调试等必要动作时，手臂可摆放于桌子或柜台之上，最好仅以双手手掌平放于其上。将双手放在桌子或柜台上时，双手可以分开、叠放或相握，但不要将胳膊支起来，或是将手放在桌子或柜台之下	不可将桌子或柜台作为支撑身体的道具
手持物品	稳妥； 自然； 到位； 卫生	身体其他部位姿势规范，与手势动作协调
递送物品	双手为宜； 递到手中； 主动上前； 方便接拿； 尖、刃向内	
展示物品	便于观看； 操作标准； 手位正确	
打招呼	要使用手掌； 要掌心向上，而不宜掌心向下	
举手致意	面向对方。举手致意时，应全身直立，面向对方，至少上身与头部要朝向对方，在目视对方的同时，应面带笑容； 手臂上伸。致意时应手臂由下而上向侧上方伸出，手臂既可略有弯曲，也可全部伸直； 掌心向外。致意时必须掌心向外，即面向对方，指朝向对方。同时，切忌伸开手指	
握手	注意先后顺序； 注意用力大小； 注意时间长度； 注意相握方式	
挥手道别	身体站直。尽量不要走动、乱跑，更不要摇晃身体。 目视对方。目送对方远去直至离开，若不目送道别对象，便会被对方理解为"目中无人"或敷衍了事。 手臂前伸。道别时，可用右手，也可用双手并用，但手臂应尽力向前伸出，注意手臂不要延伸得太低或过分弯曲。 掌心朝外。挥手道别时要保持掌心向外，否则是不礼貌的。 左右挥动。挥手道别时，要将手臂向左右两侧轻轻地来回挥动，尽量不要上下摆动	

续表

实训内容	操作标准	基本要求
引导手势	横摆式：手位高度齐腰高，用于引导表示"请"时的手势。 斜摆式：请对方落座。座位在哪，手指到哪。 直臂式：（专业引导手势）适合于给对方指引方向。手臂伸直与肩同高。 曲臂式：适用于单手持物或扶门时，须向对方做"请"的手势。 双臂式：适用于面对众人做"请"的手势	

表情的训练

1. 实训安排

实训时间	2课时
实训目的	为各项服务工作打下基础
实训要求	掌握规范的表情，能自纠错误，直至形成习惯

2. 实训准备

准备一间形体训练室，每人准备一面镜子。

3. 操作规范

（1）眼神

眼神操作规范

实训内容	操作标准
注视的部位训练	注视对方的眼神。表示自己对对方全神贯注，在问候对方、听取诉说、征求意见、强调要点、表示诚意、向人道歉与人道别时，都应注视对方的双眼睛，但时间不宜过长，一般以3～5秒时间为宜。 注视对方的面部。最好是对方的眼鼻三角区，而不要聚集于一处，以散点柔视为宜。 注意对方的全身。同服务对象距离较远时，服务人员一般应当以对方的全身为注意点，尤其是站立服务时，往往应该如此。 注意对方的局部。服务过程中根据时间需要，多加注视客人的某一部位。例如，在递送物品时，应注视对方的手臂
注视的角度训练	正视对方，在注视他人时，与之正面相对，需将上半身前倾向对方，其含义表示尊重对方。 平视对方。即在注视他人时，身体与对方处于相似的高度，表示出双方地位平等，以及本人的不卑不亢。 仰视对方。即在注视他人时，本人所处位置比对方低，则需抬头仰望对方，可给对方重视信任之感

注意要点：

① 对方沉默不语，不紧盯着对方，以免加剧对方不安的尴尬局面。
② 在工作岗位上为多人提供服务时，通常要巧妙地运用自己的眼神，对每一位服务对象予以兼顾，既要按照先来后到的顺序对先来的客人多加注视，又要同时以略带歉意、安慰的眼神去环视一下等候在身旁的其他客人，这样既表现出善解人意与一视同仁，又可以让后到的客人感到宽慰，使其不产生被疏忽的感觉。

在注视对象时，视觉要保持相对稳定，即使需要有所变化，也要注意自然，切忌对对象上上下下、反反复复地进行大量扫视，以免使对方感到被批评。

在交谈过程中，要特别注意不能使用向上看的目光，这种目光给人以目中无人、骄傲自大的感觉。更不能东张西望，给人以缺乏教养、不懂尊重别人的印象。

微笑的操作规范

实训内容	操作标准	基本要求
微笑	嘴角微微向上翘起，让嘴唇略呈弧形，在不牵动鼻子、不发出笑声、不露牙齿的前提下轻轻一笑	默念英文单词 Cheest，英文字母 G 或普通话"茄子"；对着镜子自我调侃，自我愉悦，笑容要发自内心

注意要点：

面含笑意，但笑容不可太明显。

要做到目光柔和发亮，双眼略为睁大，眉头自然舒展，且微微向上扬起。

微笑时要力求表里如一。微笑不是只牵动嘴角，而是需要发自内心，做到表里如一，否则就成了"皮笑肉不笑"。微笑一定要有一个良好的心境与情绪作为前提，否则将会陷入勉强尴尬而笑的境地。

微笑必须兼顾场合。如在下列情况下，微笑是不允许的：第一，进入气氛庄严的场所时；第二，对方满面哀愁时；第三，交往对象有某些先天的生理缺陷时；第四，交往对象出了洋相而感到极其尴尬时。

在上述情况下，如果面露微笑，往往会使自己陷于十分不利、十分被动的处境。

眉语的操作规范

实训内容	操作标准
眉语	眉毛要保持自然而舒展，说话时不适过多牵动眉毛，要给人以庄重、自然、典雅之感

着装实训

1. 着装实训

正装着装实训目的

帮助职业人士在工作场合选择正确的服装，避免违背服饰规范。

2. 实训安排

着装实训安排

课程安排	2课时
实训准备	职业装、西装、女套装、数码照相机
实训要求	掌握正装的基本要求； 掌握西装的穿着方法； 掌握女士套装的穿着方法
实训方法	将学生分组，每组5~6人； 由学生分组练习，教师指导； 学生分组考核，用摄像机等记录学生考核过程； 回放考核过程，学生自我评价，教师总结、点评学生存在的个性与共性问题

3. 实训操作规范

着装礼仪实训操作安排

实训项目	实训要求	操作规范
整装的穿着	1.制作精良	（1）选择优良的面料； （2）设计适当的款式； （3）进行精心的缝制
	2.外观整洁	（1）保证正装无褶皱； （2）保证正装无残破； （3）保证正装无脏物； （4）保证正装无污染； （5）保证正装无异味
	3.文明着装	穿正装4个禁忌： 忌过分裸露； 忌过分薄透； 忌过分瘦小； 忌过分艳丽
	4.穿着得当	严格按照各单位的规范要求去做
西装的穿着	西装的外套必须合体	上衣：过臀部； 手臂伸直时，袖子的长度应达到手心处
	西裤要合体	（1）西裤的腰围应是裤子穿好拉上拉链、扣好裤扣后，裤腰处能正好伸进一只五指并拢的手掌； （2）西裤穿好后，裤腿的下沿正好触及地面，并确保裤线的笔直
	衬衫要合适	（1）衬衫是正规的白色无花纹衬衫； （2）衬衫领子是以扣上衬衫领子扣以后还能自由插进自己的一个食指为标准； （3）袖子的长度与领子的高度都应比西装上衣的袖子稍长、稍高
	领带要与西装相协调	（1）领带应为素色无花纹的； （2）西装里若穿羊毛背心、则应将领带放进背心里面； （3）服务人员在穿着西装时最好夹上领带夹
	鞋与袜要与西装相协调	（1）皮鞋的颜色一般应与西装的颜色相近，配深色的西装以黑色皮鞋为最佳； （2）袜子的颜色应与皮鞋的颜色相近，或者是西装颜色与皮鞋颜色的过渡色
	西装的穿着要符合规范要求，服务人员切勿触犯禁忌	西装要干净、平整，裤子要熨出裤线； 衬衫领头要硬扎挺括，要保证七八成新； 衬衫更要十分清洁，内衣要淡薄，衬衫里一般不要穿棉毛衣，如果穿了，不宜把领圈和袖口露在外面； 衬衫的下摆要均匀地塞在裤腰内； 穿西装可以不系扣，但在正规场合需系扣； 为保证西装不变形，上衣袋只作为装饰，包括必要时装摺好花式的手帕，裤兜也与上衣袋一样只作为装物，以保证裤形美观； 无论衣袖还是裤边，皆不可卷起； 皮鞋一定要上油擦亮

续表

实训项目	实训要求		操作规范
女士套裙的穿着	女士套裙的选择	上衣与裙子要选择适当	（1）上衣和裙子的面料和颜色应相同； （2）套裙的面料应以素色、无光泽为好； （3）上衣袖子一般应到手腕，裙子长度应触及小腿。即使是比较水边的套裙，其上衣也应有袖子（至少是短袖，而不应是无袖），裙子长度应到膝盖
		衬衫及内衣的选择也很重要	（1）衬衫的颜色以白色为主； （2）内衣应当柔软贴身，并且要大小适当； （3）穿上内衣以后，不应当使它颜色与轮廓一目了然地在套裙之外展现出来
		衬裙的选择	穿套裙时，尤其是穿丝、棉、麻等薄型面料或浅色面料的套裙时应当穿衬裙
		鞋袜要与套裙相配	（1）与套裙配套的鞋子，宜为高跟、半高跟的船式皮鞋或盖式皮鞋； （2）袜子最好是肉色的高筒袜或连裤袜
	女士套裙的穿着规范	上衣与裙子要选择适当	（1）上衣的领子要完全翻好，衣袋的盖子要盖住衣袋； （2）裙子要穿得端正。上衣的衣扣必须一律全部系上，不允许将其部分或全部解开，更不允许当着别人的面随便将上衣脱下
		衬衫的穿着要符合规范	（1）衬衫的下摆必须披入裙腰之内，不得任期悬垂于外，或是在腰间打结； （2）衬衫的纽扣要一一系好，除最上端的一粒纽扣按惯例允许不系外，其他纽扣均不得随意解开； （3）衬衫在公共场合不宜直接外穿
		衬裙的穿着要符合规范	（1）衬衫的裙腰切不可以高于套裙的衬衫、腰，从而暴露在外； （2）应将衬衫下摆披入衬衫腰与套裙的腰之间，切不可将其披入衬裙腰之内
		鞋袜要穿好	（1）鞋袜应当完好无损。鞋子如果开线、裂缝、掉漆、破损，袜子如果有洞、跳丝，均应立即换掉，不要打了补丁再穿。 （2）鞋袜不可当众脱下。 （3）袜子不可随意乱穿。不允许同时穿两双袜子，也不许将健美裤、九分裤当成袜子来穿。 （4）袜口不可暴露于外，在任何时候，不管何种姿势（无论是站着、坐着或蹲着）都应确保袜口始终在裙子下摆里

实训考核要求

考核项目		考核要求	是否做到	改进措施
整装礼仪		1.制作精良	□是□否	
西装的着装礼仪	西装的选择	2.外观整洁	□是□否	
		3.文明着装	□是□否	
		4.穿着得当	□是□否	
		1.西装外套必须合体	□是□否	
		2.西裤的肥瘦、长短	□是□否	
		3.衬衫的选择合理	□是□否	
		4.领带、鞋袜与西装相协调	□是□否	
	西装的穿着要求	1.西装要干净、整洁，西裤要烫出裤线	□是□否	
		2.衬衫要清洁，穿着要符合要求	□是□否	
		3.西装的扣子系法要符合要求	□是□否	
		4.西装的上衣及西装的口袋不可装物品	□是□否	
		5.衣袖、裤边不卷	□是□否	
		6.皮鞋要擦亮	□是□否	
女士套装礼仪	套装的选择	1.套装的款式、面料选择合理	□是□否	
		2.衬衫以白色为主	□是□否	
		3.内衣应柔软合理	□是□否	
		4.衬裙选择合理	□是□否	
		5.鞋袜与套装相配	□是□否	
	套装的穿着要求	1.穿着到位	□是□否	
		2.衬衫穿着符合规范	□是□否	
		3.衬裙穿着合理	□是□否	
		4.鞋袜的穿着符合规范要求	□是□否	

饰品佩戴及用品选择礼仪实训

1. 实训目的

帮助职业人士在工作场合选择正确的饰品及用品，避免违背饰品佩戴礼仪规范。

2. 实训安排

课时安排	2课时
实训准备	职业装、数码相机、多媒体教室、分组名单、考核表
实训要求	掌握秘书人员在工作场合应选择的饰品种类； 掌握工作场合饰品佩戴的方法
实训方法	将学生分组，每组5～6个人； 由学生分组练习，教师指导； 学生分组考试，用摄像机记录学生考核过程； 回放考核过程，学生自我评价，教师总结、点评学生存在的个性与共性问题

3. 实训操作规范

实训目的	实训要求	操作规范
饰品佩戴礼仪	符合身份	在工作中，职业人士只宜选戴简单的金银饰品，而不宜佩戴珠宝饰品或仿真的珠宝饰品
	以少为佳	在工作岗位上可以不配戴任何饰品； 选择、佩戴饰物，不应超过两件； 佩戴某一具体的饰物，也不应超过两件
饰品佩戴礼仪	区分品种	戒指：在工作岗位上，允许配戴纯金或纯银戒指一枚。 项链：在工作岗位上，允许配戴纯金或纯银的项链，但链子不可过长，项链不可过大。 耳环、耳钉：在工作岗位上，不允许配戴耳环，但女性服务人员可以佩戴耳钉。 手链、手镯：在工作岗位上，服务人员不宜佩戴手链和手镯 胸针：女性在工作岗位上可以佩戴胸针，但不可以与工作号牌等同时佩戴。 发饰：女性在岗位上可以佩戴使用性较强的发饰。但头花、发箍、头卡，则不宜在上班时选用。 脚链：在工作岗位上，不允许佩戴脚链
	协调得体	穿制服时的要求：不宜佩戴任何事物； 穿整装时的要求：不宜佩戴工艺饰物，特别是不宜佩戴那些被人视为另类的工艺饰品； 协调性要求：要使饰品在质地上大体相同； 要使饰品在色彩上保持一致； 要使饰品在款式上相互协调

续表

实训目的		实训要求	操作规范
工作用品	身份牌	由单位统一制作、统一规格的专用标志牌。员工在工作岗位上必须佩戴	规格统一； 内容标准； 佩戴到位； 完整无缺
	书写笔	必须随身携带专用的书写笔，倘若在必须进行书写时，找不到笔具，或者赶忙去向他人借用，都是失职的表现	最好是同时携带两支笔，并且一支应当是钢笔，另一支是圆珠笔； 钢笔，主要是为了便于书写正式的条据，钢笔还须灌满蓝色或黑色的墨水； 圆珠笔：则主要是在工作中填写各类正规的票据时使用，一般使用蓝色的圆珠笔； 在通常情况下，不宜采用铅笔签字； 随身携带的笔具，最好别在上衣左侧衣袋上。不宜将其放在裤袋之中。为方便使用，也可将圆珠笔以绳、带串住，挂在脖子上，令其垂于胸前，但是，切不可这样携带钢笔
	计算器	在工作中最好随身携带一只计算器，既方便必要的计算，又能节省时间	1.计算器的功能不必齐全，但其数字的位数应当尽量多上一些，以保证计算结果的精确； 2.要力求使计算器小型化
	记事簿	在工作之中，都应人人当郑重其事地为自己准备一本可以随身携带的小型记事簿	要注意书写清晰； 要妥善保存
形象用品	纸巾	提倡人人随身携带一包袋装纸巾	不宜用手帕代替纸巾； 不宜用卫生纸或其他纸张替代纸巾
	梳子	在外出之际，要切记，最好携带上一把小梳子，以供不时之需	梳子最好置于上衣口袋之中； 要保证梳子的清洁与卫生； 梳理头发要注意的时机：出门之际、上岗之前、下班之时、脱帽之后，以及其他一切明显感到头发有可能蓬乱的时刻； 梳理本人头发，宜在无人之地进行； 切勿用手指代替梳子，当众去挠自己的头发
	化妆盒	女性在有必要为自己化妆或补妆时不可以借用外人的化妆品的。因此，应当养成出门之际尤其是上班之时，随身携带一个小型化妆盒的习惯。它应当既方便，又实用	化妆盒应当包括化彩妆时最常用的唇膏、腮红、眉笔、粉刷及小镜子等，它们不必面面俱全，但却必须实用； 随身携带的化妆盒，应置于本人所带的手包或手提袋之内，一般不宜装入衣袋之中； 使用化妆盒化妆、补妆，与使用梳子理头发一样，都要牢牢记住避开他人
	擦鞋器	在脚穿皮鞋时应自备一个随身携带的擦鞋器，以备在必要情况下使用	使用擦鞋器擦鞋，也应回避他人； 切勿随便以其他东西代劳去为自己的皮鞋上光，更不要用手指、纸张、手帕、清水或其他布料去擦皮鞋

参考文献

[1] 金正昆. 商务礼仪[M]. 北京：北京大学出版社，2005.

[2] 刘丽娜. 哈佛社交礼仪课[M]. 北京：中国法制出版社，2016.

[3] [韩]金载烨. 你的形象决定你的价值[M]. 北京：台海出版社，2016.

[4] 贾孟喜. 职业女性形象设计教程[M]. 武汉：华中师范大学出版社，2009.

[5] 李小丽. 商务礼仪与职业形象[M]. 北京：北京交通大学出版社，2010.